世界の宗教から見た親鸞の信仰

親鸞の独自性とは何か

加藤智見

法藏館

序

私事で恐縮であるが、三十年近く前、私は日本の親鸞とドイツのM・ルターの信仰を比較した『親鸞とルター――信仰の宗教学的考察――』（早稲田大学出版部、一九八七年）を出版した。その後さまざまな宗教を学び、種々の信仰を理解することに努めてきたが、いつか世界のさまざまな宗教の信仰と比較し、親鸞の信仰の特徴を見定め、その中に位置づけたいと思ってきた。

しかし信仰というものは微妙な意味をもっているため、少しはわかったつもりでいても、やはりわかっていないのではないか、という自問自答のくり返しであった。しかし最近、くり返してばかりいるよりは、あえて発表してみてさまざまなご批判をいただこうと思うようになり、筆をとる決意をしたのである。

そこでまず簡単に本書の内容の構成について触れておきたいが、第一章では、親鸞が信仰を得るに至った経緯をたどり、その信仰の意味内容を把握したうえで、その信仰における阿弥陀仏観・人間観・信仰観を検討することによって、彼の信仰の特徴を鮮明にしてみたい。

そして第二章では、ユダヤ教・キリスト教・イスラム教といった世界の一神教系の宗教の神観・人間観・信仰観を取りあげ、親鸞のそれと比較し、さらに古代ギリシアの宗教・ヒンドゥー教・道教・日本の神道のような多神教系の宗教の神観・人間観・信仰観とも比較し、親鸞の信仰の特徴をいっそう鮮明にし、かつ世界の宗教の諸信仰の中に彼の信仰の位置づけを試みたい。

最後に第三章では、仏教における親鸞の信仰の特徴を鮮明にするために、明恵や道元のようないわゆる自力系仏教の信仰、源信のような他力系仏教の信仰と比較しつつ、仏教内における親鸞の信仰の特徴を確認し、最終的に世界の宗教から見た親鸞の信仰の位置づけを試みたい。

ところで私は「親鸞の信仰」という言葉を用いるが、親鸞自身は「信仰」ではなく、「信」とか「信心」と表現している。なぜ私がこのような表現を用いるかというと、本考察は真宗学や仏教学の場からではなく、他宗教との比較を前提とする宗教学の場から試みたいという私の意図による。親鸞の個人的な「信」「信心」を、宗教一般の「信仰」という包括的な概念の中において検討したいと思うからである。言い換えれば、親鸞の「信」「信心」を宗教の「信仰」の一つのあり方として相対化し、その後普遍的な場においてその特徴を明らかにし、位置づけたいという意図によるのである。

これを具体的にいえば、親鸞の信心はたしかに世界でただ一つの独自な信心なのであるが、ではなぜ独自なのか、どのように独自なのかを明らかにするためには、広く他の信仰と相対化し比較することによってその独自性を明らかにし、普遍化しなければならないと考えるからである。

なお相対化し比較する過程で、できるだけその内容を整理しつつ図式化してみたい。微妙な信仰内容を図式化することには相当な困難が伴うはずであるが、イメージ化することによって具体的に理解すると同時に、新たな発見もあるのではないかと思うからである。

　最後に親鸞の信仰を世界という場から考えるなどということは、私の能力をはるかに超えた大それたことであることは重々承知しているが、あえて試論として試みるにすぎないということを断わっておきたい。

世界の宗教から見た親鸞の信仰
——親鸞の独自性とは何か——

＊目次

世界の宗教から見た親鸞の信仰

――親鸞の独自性とは何か――

第一章　親鸞の信仰

第一節　信仰を得るまでの歩み

親鸞が信仰（信心・信）を強く主張したことはよく知られていることであるが、それだけではなく、信仰のみ（唯信）でよいとさえいっている。

元来仏教においては信じることも重要であったが、それだけではなかった。「信解行証」といわれるように、仏の教えを信じると同時に深く理解し、行じ、証る（悟る、覚る）ことも重要な要素であった。にもかかわらず信仰のみでよいといい切ったことには、深い理由があるはずであり、そこに至る彼自身の苦悩にみちた独自な歩みがあったはずである。

そこで、まず彼が回心し、信仰を得るまでの歩みと内面の軌跡をたどっておきたい。

幼少年期

親鸞は承安《じょうあん》三年（一一七三）、京都の日野の里で日野有範を父として生まれるが、折しも時代の激変期であり、このことが彼の生き方、そして信仰にも影響を与えたと思えるので、まずこの点について少々触れておきたい。

彼が誕生した当時、平氏の勢力は全盛期に達していた。しかし九歳で得度した養和元年（一一八一）には清盛が熱病で急死、十三歳になった文治元年（一一八五）には壇ノ浦で平家一門が滅亡することになった。代わって源氏が台頭すると、公家から武士への権力の移行が加速され、権威から個の力の時代へと主題が変化しはじめた。このような変化は、やがて親鸞自身においても個としての救い、個人としての信仰を求める動因の一つになっていったと推測される。たとえばのちに彼が、仏の本願はまさに「親鸞一人《しんらんいちにん》がためなりけり(1)」と『歎異抄』で語ったように。

また鎌倉幕府が成立すると、地頭と荘園領主の対立がおこり、農民が戦に駆り出され生死の挟間に立たされることになった。いやおうなく直面する死について考えざるを得なくなり、自身の不安感、恐怖感からの救い、いのちの意味についても考えざるを得なくなっていた。またこの頃武士たちも増えたが、殺生によって生きる彼らには殺生をすることによる苦悩からの救い、武士としての新しい価値観が必要になっていた。さらにこの頃、商人たちも出現しはじめた。直接に生産することなく、ただ生産物を移動させ、言葉巧みにそれを売りさばいて利潤を得るということには、何らかの倫理意識を形成し、商いへの価値観の付与を必要としていた。

さらに当時は飢饉や疫病が頻繁におこり、人々を苦しめていた。のちに彼の妻となった恵信尼も、晩年の書状に「今年の飢饉《けかち》にや飢死《うえじに》もせんずらんとこそおぼえ候え(2)」としるし、「それへ参らせ候わんと申し候いし女《め》の童《わらわ》も、一年《ひととせ》の大温病《おおうむびょう》に多く亡《う》せ候いぬ(3)」、つまりそちらに譲るように申していた娘たちも去年の熱病で多く亡くなってしまったと書いている。飢饉や疫病に直面して生きていた庶民たちは、その苦しみをみずからの苦しみとして苦しんでくれる人間を、さらには人の悲しみをわが悲しみとして悲しみ、救いを与える仏を強く求めるようになっていたのである。ではこのような時代背景を背負い、彼はどのようにして生の第一歩を踏み出したのか。

日野家は儒学者の系統であり、彼が「幼時家庭に於て儒学の教育を受けられたことを想像することが出来る(4)」と指摘されているように、儒教的な倫理性が幼い頃から深く植えつけられたはずである。成長してのち、悪や罪の意識にはげしく悩み、越後に流されてからは自分を非僧非俗の身と見なし、僧の偽善に反逆すると同時に俗に迎合することも拒否した態度はこの点とも関係すると思われる。一神教の国々に比べ、比較的悪の意識におおらかな日本では特異な存在であったともいえる。

と同時に、日野家について注意しておきたい点は、親鸞の祖父経尹の存在である。笠原一男が「有範の父経尹《つねただ》は、『放埒《ほうらつ》の人』として公家社会でレッテルをはられた人(5)」であったと指摘しているが、崩壊寸前の院政時代に反体制的な生き方を貫いた人であった。静かな学者の血を引くとともにこのようなはげしい気質も彼は受けついでいたのである。

「真面目に師法然の教を信仰して、而かも師法然の云ひ得なかったことを、思い切て露骨に云ひ現(6)」すという側面があったこと、寡黙で自分をひけらかすことのなかった反面、たとえば『教行信証』に「主上臣下《しゅしょうしんか》、法に背《そむ》き義に違《い》し、忿《いかり》を成し怨《うらみ》を結ぶ(7)」と真っ向からはげしく権力者を批判するような面は、この点にも関係すると思われる。

悪人こそ救われるという悪人正機の考えはやさしさの現われであるが、他方で真剣に信仰を受け入れようとせず理屈ばかりをこねる者に対しては、ゆゆしき学匠に聞けと突っぱね、さらには「このうえは、念仏をとりて信じたてまつらんとも、またすてんとも、面々《めんめん》の御《おん》はからいなり(8)」と突き放すきびしさがその反面にあったのである。ちなみにこの「面々」という思いには、先ほど述べたように大勢の人々の一人としてではなく、個人として信仰を得なければならないとする新しい面もうかがえる。いずれにしてもこのような真面目なやさしさと一途なはげしさの両面を合わせもつ彼の人格は、このような幼少年期の境遇とも関係すると私は考えている。

次に、ではなぜ儒学者の子が出家をすることになったのかという点を問いたいが、彼は養和元年、九歳の春、青蓮院の慈円のもとで出家得度した。日野家の者は学問によって宮廷に仕えるのが従来の順当な道であったが、あえて出家得度したのはなぜか。特別の事情があったはずだ。しかも彼の舎弟四人全員が出家し、父も入道し隠棲しているのだ。日野家が没落し困窮していたことも一因であるとは考えられるが、全員の出家にはもっと深刻な理由があったはずである。

先にあげた親鸞の祖父経尹の妻、さらには親鸞の母吉光女が源氏の出であることが深く関係していると私は考えている。父有範が頼政の挙兵に関与し、母の関係者が以仁王の事件に関係していた点などが、実は日野家に暗い影を落としていたのである。つまり源氏の血が濃く、源氏のおこした事件に関与していたことなどが、平氏が全盛であった当時、精神的にも経済的にも日野家を圧迫していたはずである。出世の願いが断ち切られた現実を見、子の学問的な才能を見ぬいた有範が、この才能を生かすことを願って出家への道を考えたとするのが自然であろうと思う。親鸞と同年に生まれ、のちに華厳宗中興の祖となった明恵《みようえ》（高弁、一一七三〜一二三二）においても、母方の湯浅氏が源氏に属していたことが出家の理由の一つになっていたという。

地位そのものは高くはなかったにせよ、皇太后大進であった教養人有範としては、子を源平の争いの中で苦しませるよりは、比叡山でしっかりと学問をさせ、飢えや疫病そして戦などで苦しむ人々を救済させることによって生きがいを見出させるのがよいと判断したと考えられる。敏感な親鸞であったから、すでに無常感や厭世感も感じたであろうが、金子大栄が「九歳の童子の出家である。その人の出家に果たして自発的のものがあったのであろうか。ただ親族の人々の勧めに依りて喜び素直に得度せられたとも考え得るのである」(9) と指摘したように、出家得度の直接の理由は親族の勧めによるものであろう。

比叡山時代前期

得度した親鸞は範宴と名乗り、しばらく慈円のもとにとどまった。翌年慈円に従って比叡山に入り、東塔、無動寺大乗院に入ったといわれる。彼が過ごした比叡山時代はほぼ二十年におよぶが、この二十年は大きく分けて二つの時期に分けられると私は考える。

最澄の『山家学生式』によれば、比叡山で僧になるには十二年間の籠山修行をしなければならないが、それ以前には沙弥として九年間の準備が必要であった。したがって十九歳頃まではひたすら仏典を読み続ける研学が課せられていたはずだ。この期間を、私はかりに比叡山時代前期としておきたい。

じつはこの期間が過ぎた頃、親鸞は磯長《しなが》の聖徳太子廟で夢告を受けたというが、その内容は彼の余命がもはや十余年しかないというものであった。この切迫した夢告に至らせた根拠には、研学にはげむ彼の心に相当な苦悩が生まれていたはずであり、かりにこの夢告が伝説にすぎなくても、晩年に書き著わされた和讃などからこの時期の苦悩が類推され得ることから、この比叡山時代前期の内面的な苦悩を検討しておくことは必要と思われる。

そこでこの比叡山時代前期、そして夢告、その後の比叡山時代後期の順に検討してみたいが、まず前期については彼が研学にはげむ過程でおちいったであろう三つの問題を提起し、検討してみる。これらの問題に肉薄することは、やがて信仰を得、さらには信仰をすべてとする独自な信仰へと歩んでいく根本的な理由を見つけることになると思えるからである。

①この比叡山時代前期の親鸞は、まず天台教学の研学に専念したことはまちがいない。問題は「徹底的に解決せなければ、容易に承知せない性格」[10]であった彼が、やがて思春期に入り、心理学でいう「自我の発見」に遭遇したときにおこる問題である。父有範の選択と期待に従い、素直に先学の指導を受け、修学に徹した彼であっても、次第に目覚めてくる「自我」の問題に遭遇し、固執しはじめる

ときにおこる問題だ。「理想としての自己」を形成していると確信して修学する彼の中に、自然で生身の自己の姿に気づき、「理想としての自己と分裂した、修学によってはどうしても聖化しがたい自己」に気づいてアイデンティティの危機におちいったであろう点である。

本願寺三世覚如の子で仏教の広範な知識に立って親鸞の教義を解釈した存覚は、この期の親鸞の内面の動きを次のように代弁している。「定水《じょうしい》を凝《こ》らすと雖《いえど》も識浪《しきろう》頻《しき》りに動き、心月《しんげつ》を観《かん》ずと雖も妄雲《もううん》猶覆《なおおお》う(11)」と。少し誇張した表現であるが、その意味は、心を一点に集中して三昧の境地に入ろうとしても、静かな水の表面がかすかな風によっても頻りに波がおこるように心が乱れてしまう。ひたすら観念を凝らそうとしても雲が月を覆ってしまうように、たえまなくおこる妄想に襲われ、どうしようもない状態におちいるというのだ。

比叡山に入ってやがて十年近くなるという頃には、このような危機におちいっていたはずである。教学を学び禅定や観法を実践してもその目的に添えず、自我が分裂しアイデンティティの危機におちいりはじめていた。ちなみに精神分析学者エリクソンは「私は青年期の主要な危機をアイデンティティ危機（*identity crisis*）と名づけた。それは青年が自分の幼児期に得た重要な心理的要素と、期待していた大人への希望から、中心的な見通しと方向、および実際的に役立つ統合力を自分のためにつくりださねばならない時期におこる(12)」というが、参考にしたい。

②次に、さらに現実的な危機感があったと思われる点だ。のちに彼は『教行信証』で「名利《みょうり》の太山《たいせん》に迷惑《めいわく》して(13)」と自己を恥じ傷んでいるが、この面の萌芽がすでにこの頃生じていたと思われる。没落

貴族の出であり、祖父経尹のことも関係し父有範は正五位下であり、源氏の血も引いていた。研学も当時の比叡山では公平に評価されていなかったともいわれる。修行仲間のあいだでも名家の出の同輩や後輩が高位にのぼっていくだろうことが次第に雰囲気として親鸞にも感じられていたことだろう。

　愛欲や名利と闘い、九十年の生涯を生きぬく精神と肉体には強烈な煩悩も潜んでいたはずだ。八十六歳になってもなお「浄土真宗に帰《き》すれども　真実の心《しん》はありがたし　虚仮《こけ》不実のわが身にて　清《しょう》浄《じょう》の心《しん》もさらになし[14]」と告白する彼には、その煩悩もすでにこの頃から執拗に彼を襲っていたはずである。精進を重ねる自己と、それ相応の評価を求めて名利に固執する自己が、これを嫌悪しながらも自分の内で分裂する危機におちいっていたと推察される。

　③また第三に、「物心のつかない幼い時に出家したものがようやく成人して、経典を学んで出家の意義を知り、棄欲に徹しようとして持戒に励みかけたところに青年期がやってくる。当然の事実として愛欲の思いが高まって、道を求める真剣な心をさいなんでやまない[15]」という問題である。のちに妻帯が浄土の教えに反するものではないとし、結婚に至る彼においてはこの問題は避けられないものであった。

　心理学的な観点からすれば、純粋な修学生活に進めば進むほど、逆に無意識の底から突き上げてくる「イド」と閉鎖された聖域で形成された種々の禁止、抑制、規範、当為を要求する「超自我」の圧力との間にあって、「自我」は苦悩に沈んでいく。僧とならねばならない自我とその自我内に生まれる避けがたい性への衝動をもつ自我が分裂するアイデンティティの危機を生んだはずだ。のちに六角堂の夢告で観音菩薩から、もし親鸞が過去世の業報によって女性を求めるなら、みずから玉のように美しい女性となって添い遂げ、浄土に導こうと告げられ、「破戒の論理の存在しない妻帯[16]」を求めるようになった意識の原点は、すでにこの期に生まれていたと私は思う。

以上三つのアイデンティティ危機の側面から考えてみたが、この危機への対し方を、十九歳頃の磯長の太子廟での夢告が大きく変えることになった。

太子廟での夢告

磯長の太子廟に着いた親鸞は太子の墓に詣で、寺の許しを得て境内にある岩屋に三日間籠ったという。このとき重大なことがおこった。二日目の深夜、尊敬する太子が夢に現われ、汝の寿命はもはや十数年しかないと告げたというのだ。

高田派の良空が書いた『正統伝』の親鸞十九歳の項には、次のようにしるされている。「同年九月十二日、河州石川郡東条磯長《しなが》聖徳太子の御廟へ参詣ましまし、十三日より十五日まで三日御参籠なり。……第二夜の四更に、夢の如く幻の如く、聖徳太子廟内より自ら石扃《せきけい》を発き光明赫然として窟中を照らす、別に三満月在りて金赤の相を現じ告勅して言く、我三尊化塵沙界　日域大乗相応地　諦聴諦聴我教令　汝命根応十余歳　命終速入清浄土　善信善信真菩薩[17]」。

このようなことが実際にあったかどうか、議論が分かれるところであるが、のちの六角堂夢告をも考えに入れ、「在叡時代から『感通集』や『松子伝』が流行してあるのを見ていられて、太子と仏教弘通、太子と法華、太子と観音、法華と観音、太子と浄土教等聯想して考へられたのであらう[18]」とされる点、また当時広く太子信仰が普及していた点、さらには在俗のままに俗性を否定せずして妻をもち仏教者として生きた太子を一生敬慕していた親鸞にとって、青年期の苦悩を解決するために「山上二十年の生活のうちに、親鸞聖人は磯長の太子廟に参籠せられたと伝えられるのも、いわれなきことではない[19]」という意味を考えるとき、この時期、このようなこともあり得たと私も考えるので取りあげてみたい。

問題は「諦聴諦聴我教令　汝命根応十余歳」つまり「あきらかに聴け、あきらかに聴け、我は教えん。汝の命根（寿命）は、まさに十余歳である」という表現である。突然自分の死との対決を迫られることになったのである。それまではむしろ父の期待のため、自分の出世のための勉学であったが、死を目前にしてどう生きるのか、自己と向き合い、どう自分の煩悩に対すべきかの問題を突きつけられたのである。

ならば、今ここで触れておきたいのは、このような問題を突きつけられながら、なぜ再び比叡山にもどったのか、このような問題からの救済を説いていた法然のもとに、なぜまっすぐに行かなかったかという点だ。当時、少なくとも法然の名は聞いていたはずである。法然はすでに五十九歳、一向専修の念仏門に入り十六年、南都・北嶺の学僧と問答した大原問答から約五年、九条兼実にも授戒し、その名はよく知られていた。

しかし親鸞はそうしなかった。その理由は親鸞の性格が慎重であったという点と、彼の問題意識がそこまで実存的なものになっていなかったと考えられるからだ。実存的というより観念的、つまりまだ頭の中の悩みであり、問題であったからだと私は思う。どうしようもなく肉体や煩悩から噴き出してくる二十代の苦悩にはまだ至っていなかったと思えるからである。

しかし親鸞が磯長から比叡山にもどった頃、比叡山の山内での地位が堂僧と決定された。愕然とした挫折感に襲われたことだろう。「堂僧」とは高僧になるためのエリートコースである「学生《がくしょう》」とはちがって、常行三昧堂で不断念仏を勤めたり、貴族のための法要を手伝う地位の低い僧であった。世俗化していた山内では、学生への道は高位の貴族の出身者に限られていたのだ。隠棲中の貧乏貴族の出では不可能であった。父の期待も自分の欲求もかなえ得なかった挫折感は、磯長の衝撃的な夢告と相俟ってきびしく親鸞を責めることになった。これらの出来事は前期の三つのアイデンティティの危機をさらに深め、同時に大きくその性格を変えることになる。

比叡山時代後期

当時の常行堂の不断念仏は、三カ月とか七カ日間、阿弥陀仏の名を念じ、仏のまわりをめぐり続けながら行なわれた。心を対象に集中し、三昧の境地に入ろうとするものであった。ではこのような行を修しつつ、前期の苦悩、アイデンティティの危機はどのように変化したのだろうか。

①第一の修学すべき自我と次第に目覚めてくる自我の分裂についてであるが、実は不断念仏を修しはじめた頃、鎌倉幕府が成立した。親鸞二十歳のときである。権威から力を主にする時代への変化は、

下級貴族出身のために堂僧に甘んじることになった親鸞に、「個」の意識と「個」の救いへの希求をうながすことになった。このような個の問題は、堂僧になったことに意味を与えた。一度は落胆し根こぎ（uprootedness）体験におちいっても、逆にその落胆をバネとして内面の凝視を鋭く深くさせ、比叡山上層部の「学生」の眼ではなく、「一介の堂僧たる自己」の眼を与え、「学生」としての真理ではなく、煩悩を具足し生死流転するわが身にとっての真理に関心を転換させ、集約させていった。

すなわち前期のいわば客体的な修学の態度から、煩悩に縛られ苦悩する「自己にとっての」主体的修学、真理探究に変化していったと考えられる。残りの寿命が十余年しかないという磯長の夢告がこれに拍車をかけたことだろう。

②次に名利に関するアイデンティティ危機についてであるが、親鸞は八十六歳に至ってもなお「こころは蛇蝎《じゃかつ》のごとくなり[20]」と告白し、名利、名聞利養の根深さを悲歎している。また『教行信証』には『起信論』から次のような文を引用する。「当《まさ》に勤めて正念《しょうねん》にして、取らず着《じゃく》せずして、すなわちよくこのもろもろの業障《ごっしょう》を遠離《おんり》すべし。知るべし、外道《げどう》の所有《しょう》の三昧《さんまい》は、みな見愛我慢《けんあいがまん》の心を離れず、世間の名利《みょうり》恭敬《くぎょう》に貪着《とんじゃく》するがゆえなり[21]」と。彼の引用文が自己体験、己証《こしょう》を踏まえていることからして名利への反省は並々ならぬものがあった。

もちろん比叡山で外道を修していたわけではないが、我愛にかられ名利恭敬に貪着したことを悲歎する。晩年になってもこれが免れがたい人間の本性であると告白することは、前期においては名利は否定すべきものであったが、後期ほぼ十年間これを直視する過程で単に否定すべきものではなく人間本具の自然性として肯定せざるを得ず、これを包摂した救いへの希求に向かっていたことを推察させる。

③さらに第三の危機、すなわち愛欲、特にこの後期に明確に肉体に定着する性欲に苦しむ自我の問題である。「身口意の三業を以て弥陀を念ずるのが常行三昧で、これは固より天台の観法を修する一の手段として設けられたものであるが、その中殊に口業の念仏が次第に独立するやうになった(22)」。「観念から称念へ、現実から来世へ(23)」関心が移っていく称名は次第に官能性を帯びてくる。宮廷の女性に賛美されたこともこれに無縁ではない。ひたすら観念的研学に没頭すれば、ある程度愛欲に向かう自我を制御し得たであろうが、堂僧として官能性を帯びた口称念仏を誦し仏の周囲をめぐり続けるとき、元来論理的であった彼にも官能的、情緒的な面が湧きおこってきたはずだ。「ことに常行三昧堂の堂僧はよく招かれて貴族の邸に行って不断念仏を行なうことが多かっただけに、女性の活躍する俗世間に接する機会が多かった(24)」こともこれを助長することになった。

そこで私は、親鸞がこの期に至って愛欲、性の問題を単に否定するのではなく、次第に肯定する方向に向かったと考えたい。その根拠は、この期に入り常行堂の堂僧として浄土教系統の探究に進み、やがて六角堂で夢告を受け、そのまま愛欲を否定せずこれを包摂しようとした法然のもとに行き、さらには妻帯に踏み切る方向に向かっていったことにある。したがってこの期には愛欲、性の苦悩から肉体性の確認、肯定、これを包摂して摂取不捨する救済への希求に移行していったと私は考える。三木清が「生への接近、かかる現実性、肉体性とさへいひ得るものが彼の思想の著しい特色をなしてゐる[25]」と指摘しているが、これは愛欲の否定ではなく肯定した結果を言い表わしているものといえる。このような面は静かに深く圧縮され、やがて六角堂の夢告で現実的な形となって現われたと解釈し得る。

さて以上の三点から考える場合、前期の俗性否定に由来する危機は、わが身の俗性を直視するとき到底これを否定できない、肯定せざるを得ない、ではどうすればよいかという危機感になっていったはずだ。そして「罪悪のまゝにして、而かも絶対の救済に接したい[26]」という矛盾をはらんだ苦しみになっていったが、この苦しみが彼を大きく飛翔させる強いバネとなり、六角堂の夢告を生んだと思えるので、次に考察してみたい。

六角堂夢告

深い挫折感に打ちひしがれ、矛盾する問題を抱えて山をおりた親鸞は、敬愛する聖徳太子のもとに行くしかなく、まっすぐ京都の六角堂頂法寺に向かった。

この寺は、聖徳太子によって建立《こんりゅう》されたといわれ、本尊は観音菩薩。行く末に悩む人々が夢告（夢のお告げ）を授かる寺としても知られていた。平安中期から広隆寺や清水寺などとともに霊験あらたかな寺とされ、参籠つまりお籠りが盛んに行われていたのである。当時、太子は本地観音菩薩が仮の姿として垂迹された方として人々に信じられていた。

百日間籠る決心をした親鸞は、不眠不休で観音菩薩に祈り、自分の生きるべき道を問い続けた。三カ月をすぎた九十五日目の明け方、疲労の極限に達した親鸞は不覚にもうとうとと眠りはじめてしまったが、このとき夢を見たのである。観音菩薩が聖徳太子の姿をとって親鸞の目の前に姿を現わす夢であった。このことについて、親鸞の妻恵信尼は弘長三年（一二六三）の消息（書簡）の中で「山を出《い》でて、六角堂に百日こもらせ給いて、後世《ごせ》を祈らせ給いけるに、九十五日のあか月、聖徳太子の文《もん》をむすびて、示現《じげん》にあずからせ給いて候いければ、やがてそのあか月、出でさせ給いて、後世の助からんずる縁にあいまいらせんと、たずねまいらせて、法然上人にあいまいらせて[27]」と書いている。

　この示現がどのようなものであったかが問題であるが、恵信尼はその消息の追伸に当たる部分に「九十五日のあか月の、御示現の文なり。御覧候えとて、書きしるして参らせ候う」と書いているが、残念ながらその文は現存しない。恵信尼はこの夢告の文を書きしるして送ったのであるが、それが失われてしまったのである。

　そこで現在では、関東時代の門弟高田専修寺の真仏が親鸞の生前に書き写した『親鸞夢記』に見られる文であろうと推察されている。私もそのように考えているので、同じくそのように考えていた本願寺第三世覚如が書いた『御伝鈔』の記述を見てみる。この中で覚如は、親鸞の受けた夢告について次のように書きはじめている。「建仁《けんにん》三年　辛酉　四月五日夜寅時《とらのとき》、聖人夢想《むそう》の告《つげ》ましましき。彼《か》の『記《き》』にいわく[28]」。この「彼の『記』」が先の『親鸞夢記』を指しているといわれるのだ。なお、冒頭の「建仁三年」の部分は建仁元年を誤記したものといわれる。続いて次のように述べられる。

「六角堂の救世菩薩《くせぼさつ》、顔容端厳《げんようたんごん》の聖僧《しょうそう》の形を示現《じげん》して、白衲《びゃくのう》の袈裟《けさ》を着服《ちゃくぶく》せしめ、広大の白蓮華《びゃくれんげ》に端《たん》坐《ざ》して、善信《ぜんしん》に告命《ごうみょう》してのたまわく」。六角堂の救世菩薩が、端正でおごそかなお顔をなさった聖僧のお姿で現われてくださり、真っ白なお袈裟をめされ、大きな白い蓮の花の上にきちんとお座りになって善信（親鸞）に次のように告げてくださったというのである。救世菩薩とは救世観音菩薩のことであるが、のちに親鸞は和讃の中で「救世《くせ》観音大菩薩　聖徳皇《しょうとくおう》と示現《じげん》して　多多《たた》のごとくすてずして　阿摩《あま》のごとくにそいたまう」[29]、つまり救世観音は日本に聖徳太子として現われ、父のように私を守り、母のように私に寄り添ってくださっていると讃えている。この夢告で受けた衝撃と感謝の念がいかに強かったかがうかがえる。

しかし私がここで特に留意しておきたい点は、比叡山時代にも観音菩薩や聖徳太子は阿弥陀仏とともに崇拝対象であったが、この夢告を契機に、これらがみずから親鸞に出会い働きかけてくださっている存在になっているという点である。崇拝すべき存在であったものが、みずから親鸞に近づき、救いあげようとする非常に人格的な存在に変化しているという点だ。生きた姿を現わし、心を通じ合わせようとする存在と出会っているのである。

観音菩薩は親鸞に向かってどのように告げたのかというと、「行《ぎょう》者《じゃ》宿《しゅく》報《ほう》設《せつ》女《にょ》犯《ぼん》　我《が》成《じょう》玉《ぎょく》女《にょ》身《しん》被《び》犯《ぼん》　一《いっ》生《しょう》之《し》間《けん》能《のう》荘《しょう》厳《ごん》　臨終引《いん》導《どう》生《しょう》極《ごく》楽《らく》」[30]、つまりもし修行者のあなたが過去世の業報によって女性を求めるなら、私は玉のように美しい女性となってあなたに添いとげ、あなたを浄土に導いてあげましょうと告げられたというのである。すでに観音菩薩は、愛欲に苦しむ親鸞の心を見ぬき、みずから親鸞の妻となり、導こうとしてくださっているというのだ。単なる崇拝対象ではなく、愛欲の姿のままで救いあげ、導こうとする存在となっているのである。さらに次のように続く。

「救世菩薩、善信にのたまわく、『此《これ》は是《これ》我《わ》が誓願《せいがん》なり、善信《ぜんしん》この誓願の旨趣《ししゅ》を宣説して、一切群《いっさいぐん》生《じょう》にきかしむべし』と云々。爾時《そのとき》、夢中にありながら、御堂《みどう》の正面にして、東方《とうぼう》をみれば峨々《がが》たる岳《がく》山《さん》あり、その高山《こうざん》に数千万億の有情群集《うじょうぐんじゅ》せりとみゆ。そのとき告命《ごうみょう》のごとく、此《こ》の文《もん》のこころを、かの山にあつまれる有情《うじょう》に対して、説ききかしめおわるとおぼえて、夢悟《ゆめさめ》おわりぬと云々」。その文意は、救世菩薩は善信に「これは私の誓願なのです。善信よ、あなたはこの誓願の真意をあきらかにし、すべての迷える人々に説き聞かせて欲しい」とおっしゃった。そのとき、夢の中ではあったが、聖人はお堂の正面に向かって東のほうをご覧になると、けわしい山々がそびえ、その高い山上には限りない数の人々がいた。そこで夢告で授かったようにその誓願の真意を説き聞かせ終わられたとき、夢がさめたという内容のものでした、というものであった。

この文によれば、菩薩みずからが、みずからの願いの真意を親鸞に分からせ、その真意を人々に説いて欲しいと願っているというのである。親鸞にとってはこの菩薩はもはや単なる崇拝対象ではなく、親鸞自身に出会い、働きかけてくる存在となっているのだ。さらに読みとらねばならないのは、このような心の変化は比叡山で不断念仏の対象としてきた阿弥陀仏も単なる念仏の対象ではなく、観音菩薩の働きかけを通し人々を救いあげようとする本願の主体として見るようにさせていったと考えられる点だ。そしてその本願を人に伝えようとする自分の使命に気づいていく親鸞の心の変化も読みとっておかねばならない。さらに覚如は次のように述べる。

「倩《つらつら》此《こ》の記録を披《ひら》きて彼《か》の夢想を案ずるに、ひとえに真宗繁昌《はんじょう》の奇瑞《きずい》、念仏《ねんぶつ》弘興《ぐこう》の表示《ひょうじ》なり。……儲君《ちょくん》もし厚恩《こうおん》をほどこしたまわずは、凡愚《ぼんぐ》いかでか弘誓《ぐぜい》にあうことを得ん」。その文意は、今この記録をひもとき、その夢告がどのような意味をもつかをよくよく考えてみると、ひとえに真実の教え、つまり阿弥陀仏の本願がいよいよはっきりするというしるし、本願によって念仏もうさせていただく人々がいよいよ多くなるということが表示されている……もし太子が仏法を受け継ぐという厚い恩恵をほどこしてくださらなかったなら、私たちのような愚かな者はどのようにして阿弥陀仏の本願に出会うことができたであろうかというものだ。

覚如のこのような文を読んでくると、みずからの本願を通して阿弥陀仏自身が親鸞に出会い、呼びかけ、救いとろうとしているその姿を親鸞が夢告を通して感じとっていることがわかる。比叡山の不断念仏の対象であった阿弥陀仏はこのような阿弥陀仏ではなかった。ひたすら念仏することによって親鸞が近づいていくべき阿弥陀仏であった。しかし夢告によって出会った阿弥陀仏は、愛欲の煩悩に苦しみ死の恐れにおののく親鸞を、みずから救いあげようとする仏であった。親鸞自身が近づく仏ではなく、親鸞に近づいてくれる仏になっていたのである。

彼は、さらに夢告によってはげしく気づかされた。女性を求めることは仏教の教えに反しない。性の問題、愛欲の問題、さらには死を恐れ生に執着する人間の煩悩も否定する必要はないし、それを滅ぼす必要もない。それらすべてを背負ったままの親鸞を、仏ご自身が導いてくださるのだ。だからこそ親鸞を含めて修行をする能力も時間ももたないいかなる人間であっても救われるのであり、戒律を守れないままに、さらには戒律を守ることなくして、仏の救いにあずかるのである。こうして気づかされた思いの中に比叡山で遭遇した三つのアイデンティティの危機も解決され、罪悪のままに救われたいという矛盾した要求も充足されていく根拠が見出されていく。と同時に、このような思いはすでに法然の信仰に通じるものがあると気づいたはずだ。

彼はすでに十年ほど常行堂で不断念仏を修してきたから、比叡山を下りて京都の市井の吉水で念仏の教えを説き、広く民衆の帰依を集めていた法然の教えには強い関心をよせていたであろう。だが人が新興宗教に危険性を感じるように、慎重な性格であった親鸞は法然のもとに直行することをためらっていた。しかしこのことは同時に背中を一押ししてもらいたいという思いでもあった。参籠はこの一押しを願うことでもあり、それが実現したということでもあった。

意は決した。法然の念仏の真意を問い、自分が出会った仏とはどのような存在であるかを問いただそう、と決意したのである。

法然のもとで信仰を得る

恵信尼は書簡に「法然上人にあいまいらせて、又、六角堂に百日こもらせ給いて候いけるように、又、百か日、降るにも照るにも、いかなる大事にも、参りてありし[31]」としるしている。

降る日も照る日も法然の説法の座に通いつめ、比叡山で学んだ天台教義や常行堂で実践した不断念仏と、法然の説く念仏の教えを比較し、執拗に法然の真意に耳を傾けたことであろう。また夢告の真意を法然の教えの中で検証しようとしたはずである。さらに恵信尼は書きしるしている。

「ただ、後世の事は、善き人にも悪《あ》しきにも、同じように、生死《しょうじ》出《い》ずべきみちをば、ただ一筋に仰せられ候いしをうけ給わりさだめて候いしかば、上人のわたらせ給わんところには、人はいかにも申せ、たとい悪道にわたらせ給うべしと申すとも、……」。法然上人が後世のことについて善人にも悪人にも区別なく、同じように生死の迷いから脱け出る道を一筋に説いてくださったのを聞き、親鸞聖人は心を決着なさり、人が地獄におちてしまうだろうといっても上人が参られるところにはどこにでもついていくとおっしゃったというのである。

この文によれば、法然は後世のこと、生死の迷いのこと、救われようのない人間がいかにして救われるのかという親鸞の必死の問いそのものに正面から答えを出していったことがわかる。法然の話を聞きながら、師となる人はこの人のほかにはないと感じた。それまでに出会った人とはまったく違った人であり、何を聞いても親鸞の心を射抜き、心に響き、浸みこむ言葉をもった人であった。

『歎異抄』の「たとい、法然聖人にすかされまいらせて、念仏して地獄におちたりとも、さらに後悔すべからずそうろう(32)」という言葉は、まさにこのときの実感であった。地獄におちても後悔しないとまでいわせた法然の称える念仏は、それまで比叡山で称えていた親鸞の念仏とはまったく異質なものであった。それほどまでに親鸞の念仏観を転換させ、彼の心を変えてしまったのは何であったのか。

法然の念仏に魅了された親鸞は、法然の心の軌跡を追い求めていった。わずか九歳にして眼前で父が殺されるという修羅場を経験し、その後三十年もの間比叡山で救われがたい心の彷徨を経、「カナシキカナカナシキカナイカカセンイカカセンココニワガゴトキハ。スデニ戒定慧ノ三学ノウツハモノニアラズ」[33]と絶望の淵に陥った法然の心の軌跡を、である。

説法を聞きながら、親鸞は法然が唐の善導について話すとき、温顔がいっそう輝きを増すことに気づいた。法然が回心を得たのは、実はこの善導による。長い彷徨に疲れきっていた法然は、四十三歳のとき、この善導が著した『観経疏』に出会い、それまでの苦悩が一気に氷解することになった。

この書によれば、ただ一心にひたすら念仏する、これこそが本当の行だ、なぜならこのことこそが「仏の願に順ずるが故に」と教えてくれているからである。仏はひたすら人々を救おうと願っておられる。その仏の願いに応えるには、自分の力によって何かをするのではなく、仏の呼び声に素直に応え、念仏するだけでよい、それがすべてであったのだ。それまで法然は、仏のために何かをしようとして、それができない苦しみにもがいていた。ところが何もしないで、ただ仏の願を受け入れ、信じ、感謝に満ちて念仏することがすべてであったのだ。これこそが真の仏道であると気づかされ、回心に至ったのである。

いかなる非難にも動ずることなく穏やかに生きる姿の奥に、法然を生かす阿弥陀仏の願い、すなわち本願の力を親鸞は感じとったのである。

さて法然に教えられた念仏を称えながら、あらためて親鸞は阿弥陀仏の本願に思いをはせた。それまでの親鸞は、念仏を称えながら阿弥陀仏に近づこう、あるいは阿弥陀仏に救われるに値する人間になろうと努めてきたが、これは仏の心を無視する行為であったと気づく。修行をする時間のある親鸞であれば、それも可能であろうが、その時間も能力もない人間はどうすればよいか、永遠に救われないのではないか。そのような人々のために仏はみずから救いの用意をしてくださっていたのだ。仏のその思いやりに喜び、救いに身をまかせることがすべてではないか。

ほかでもなく阿弥陀仏は、仏に成る以前の法蔵菩薩のとき、一切の苦悩する衆生を悲しみ憐れみ、長く苦しい思索の後、ただ仏を信じその名を呼ぶだけで苦悩を離れさせ得ると気づき、われわれに呼びかけてくださっていたのだと親鸞は気づいたのである。仏ご自身がすでに親鸞以上に苦労してくださっていたと気づいたのだ。この衝撃的な気づきによって彼の回心が引きおこされたのである。のちにこの気づきを「弥陀の五劫思惟《ごこうしゆい》の願をよくよく案ずれば、ひとえに親鸞一人《いちにん》がためなりけり[34]」と告白している。

このように他力の教えを確実に身につけていく彼の心を見ぬいた法然は、四年後の元久二年（一二〇五）、主著『選択《せんじゃく》本願念仏集』の書写を許し、書写本に書名と「南無阿弥陀仏　往生之業　念仏為本」の文、さらにみずから親鸞に与えた釈綽空の名を書いてくれた。

さらに同日、法然の肖像画を描くことを許し、完成するとみずから「南無阿弥陀仏」と書きこみ、善導の『往生礼讃偈』の文をしるした。また親鸞が夢告の際に観音菩薩に呼びかけられた「善信」という名も書きこんだ。

法然に導かれ親鸞が得た信仰の特徴をよく表現する話がある。『歎異抄』によれば、あるとき親鸞は法然や弟子たちのいる席で、私の信心も法然上人の信心も同じであるといい切った。すると勢観房や念仏房といった弟子たちが猛反発し、親鸞の信心が上人のご信心と同じであるなどとはとんでもないととがめた。しかし親鸞はこれに屈せず、智慧や才能という点では比較にならないが、他力によって信心をいただいているのだから上人の信心も私の信心も同じはずですと主張を変えなかった。弟子たちは納得せず、結局は法然の裁断を仰ぐことになったが、法然は次のように語ったという。「源空（法然）が信心も、如来よりたまわりたる信心なり。善信房《ぜんしんぼう》（親鸞）の信心も如来よりたまわらせたまいたる信心なり。されば、ただひとつなり[35]」。両者とも信心は阿弥陀如来からたまわったのだから同じ一つの信心だというのである。

弟子たちの気持ちもわからないわけではない。法然は比叡山一の秀才であったし、その比叡山に三十年もとどまり、大蔵経を何度も読破し、修行にも耐えてきた人であった。新参者の親鸞と一緒にできるはずもなく、また一緒にしてもいけない存在であった。しかし親鸞も二十年間比叡山ですごし、きびしい求道に明け暮れてきた。徹底的に自力を尽くし他力に至ったという点では二人に大きな差異はない。皮肉にも、真の他力は自力を尽くさねば分からないところがある。法然はすでにその点を見ぬいていたのだろう。自分の内面の軌跡と親鸞のそれ、自分の信仰と親鸞の信仰の同質性を。この論争は「信心一異諍論」といわれるが、この如来からたまわった信心こそ親鸞が至りついた信仰をよく表現するものである。

さて、以上親鸞が信心を得るまでの歩みをたどってみた。そしてその信心がきわめて人格性の強い信仰、すなわち仏自身がみずから人間のために働きかけ、信心さえも与えるという人格性の強い状況の中に生まれる信仰であることを指摘した。しかしこのような信仰がすべてかというと、実は親鸞においてはこのような人格的な信仰と同時に非人格的ともいえる信仰がある。この両面を見なければ彼の信仰の特徴を理解し得たとはいえないし、世界の諸宗教と比較し位置づけることはできない。そこで以下、親鸞の阿弥陀仏観・人間観・信仰観をやや詳しく検討することによって彼の信仰の本質に迫っていきたい。

註

（1）『歎異抄』六四〇頁（以下親鸞の全著作および『恵信尼消息』『歎異抄』『御伝鈔』『歎徳文』からの引用は、すべて『真宗聖典』〈東本願寺出版部、一九九九〉によることとし、その頁数を記す）。
（2）『恵信尼消息』六一九頁。
（3）同、六二四～五頁。
（4）山田文昭『親鸞とその教団』（法藏館、一九四八）三七頁。
（5）笠原一男『親鸞』（筑摩書房、一九六三）二五頁。
（6）中沢見明『史上之親鸞』（文献書院、一九二二）一八六頁。
（7）『教行信証』三九八頁。
（8）『歎異抄』六二七頁。
（9）金子大栄「源信・法然・親鸞」（『思想読本　親鸞』、法藏館、一九八二）所収、四七頁。
（10）中沢見明、前掲註（6）書、五六頁。
（11）存覚『歎徳文』七四四頁。
（12）Erik H. Erikson:Young Man Luther, Faber and Faber LTD, London, 1958, p.12.

(13)『教行信証』二五一頁。
(14)『正像末和讃』五〇八頁。
(15)赤松俊秀『親鸞』(吉川弘文館、一九六一)六〇頁。
(16)笠原一男『親鸞と蓮如——その行動と思想——』(評論社、一九七八)四四頁。
(17)『親鸞聖人正統伝』(『親鸞全集』第四集、講談社、一九七五)所収、二三九〜四〇頁。
(18)中沢見明、前掲註(6)書、六九頁。
(19)舘熈道「回心の時期について」(『親鸞全集』第四集)所収、一四一頁。
(20)『正像末和讃』五〇八頁。
(21)『教行信証』三八八頁。
(22)山田文昭、前掲註(4)書、四九頁。
(23)同、五〇頁。
(24)赤松俊秀、前掲註(15)書、六〇頁。
(25)三木清「親鸞」(近代日本思想大系27『三木清集』、筑摩書房、一九七五)所収、四〇八頁。
(26)常磐大定『日本仏教の研究』(春秋社、一九四三)二九一頁。
(27)『恵信尼消息』六一六頁。
(28)『御伝鈔』七二五頁。
(29)『正像末和讃』五〇七頁。
(30)『御伝鈔』七二五頁。
(31)『恵信尼消息』六一六頁。
(32)『歎異抄』六二七頁。
(33)『黒谷上人語燈録』大正蔵第八三巻、二三七頁。

(34) 『歎異抄』六四〇頁。
(35) 同、六三九頁。

第二節　親鸞の信仰の特徴

一　阿弥陀仏観

親鸞が得た信仰の特徴を追究していくとき、彼が信仰を得た頃、そしてこれを深めていく時期には阿弥陀仏に対して非常に人格的な接し方、信じ方をしているのに対し、やがて次第に、とくに晩年においては人格的な態度を昇華し、非人格的な存在として阿弥陀仏を信じるようになるという、ある意味で対照的とも思える両面が重層しているように思われる。実はここに親鸞の信仰の重要な特徴がある、と私は考えている。

ここで私が用いる「人格的」という用語は、人間が仏に顔を向け、呼びかけ、呼び求めるのに対し、仏も人間であるかのようにそれに応じ、みずから人間と同じように苦悩し、苦悩の根拠を示して積極的に、場合によっては圧倒的な力をもって救済に尽力しようとするようなあり方を指して用いるものである。

これに対して「非人格的」という用語は、本来人間と仏・神は同質的な要素をもっており、それを自覚し、たとえば仏に成ること、神と合一したり、一体化することに主眼が置かれるあり方、つまり救済というより自覚を特徴とするあり方の中に見られる形を指す。人間と仏・神の間に連続性があり人格的な救済を必要とするというより、その連続性を自覚するところに理想を置く形を「非人格的」という言葉で表現したいと思うのである。じつはこのような問題を提起するのは、親鸞の信仰を世界から見、とくに一神教や多神教との比較やその中での位置づけの際に重要な視点を与えてくれると思うからである。

前者、すなわち人格的な面の一例として、親鸞は阿弥陀仏を単なる崇拝対象にするだけではなく、執拗にその阿弥陀仏の意志、逆に親鸞への阿弥陀仏の働きかけを聴きぬき、阿弥陀仏の前身である法蔵菩薩の苦悩の意味を問いこんでいく態度を私は強く感じる。このような態度は、成仏を目的とし、人間と仏の間にある同質性の要素としての仏性を自覚し、みずから覚者となるというような仏教の伝統に沿うというよりは、一見、キリスト教などの一神教的な救済宗教のあり方に近いようにも思われる。

実際たとえば、ドイツの宗教学者F・ハイラーは、親鸞の信仰を指して、「仏教のヴェールにおおわれた本物のルター主義（unverfälschtes Luthertum）である。ここには peccator justus というルター主義のパラドクスが強い調子で宣べられている。すなわち悪人は救われる、しかも信仰のみ（sola fide）によって、と」[1]と述べている。そして親鸞の信仰（信心）を"fides"というキリスト教の用語に翻訳している。さらに彼は、罪に苦しむ人々のために法蔵菩薩の姿をとって現われたことを Fleisch annehmen、つまり Fleisch（肉の姿を）annehmen（とる）というキリスト教用語に置き換えている。

このような関心は、すでにＭ・ウェーバーが、親鸞の教えを「阿弥陀仏への敬虔でひたむきな帰依の意識を強調したかぎりで西洋のプロテスタントに比較することができる(2)」と指摘している点にも見られる。親鸞の濃厚な人格的な側面に関心が向けられているのである。たとえば禅はキリスト教と異なるものをもつという点で関心をもたれているが、親鸞の信仰はキリスト教と共通するものがあるという点で関心を持たれているのもこの点に関係すると思える。

しかし親鸞には、このような人格的な態度だけではなく、同時に後者のような態度、つまり阿弥陀仏の根源的な姿を人格性を消去し昇華した法性法身、真如法性、色も形もなく、心も言葉もおよばぬ無上仏としてとらえる態度が存在する点にも注意を払わねばならない、と私は考えるのである。詳しくは後述するが、このような側面にはキリスト教などの一神教にはない、むしろ多神教的な宗教に見られる特徴が伏在しているからである。したがって彼の阿弥陀仏観について考える場合には、常にこの両面を考慮しなければならないと思うのである。このような態度をとらせている根拠は何か、この点を問うことによって彼独自な阿弥陀仏観が浮かび上がり、世界の宗教のさまざまな信仰の中での特徴も鮮明になってくるはずだ。

そこでまず彼の阿弥陀仏観における人格的な側面を取りあげてみる。

人格的な阿弥陀仏観

『教行信証』化身土巻に、いわゆる「三願転入」の文がしるされている。これは親鸞自身が自分の信仰を得るまでの歩みを論理的に振り返ったものであり、『無量寿経』に説かれている阿弥陀仏の四十八願の中から、第十九願、二十願、十八願の三願を取りあげ、自分の信仰がその三願により、またその順序にしたがって得られ、深められたことを告白したものであるが、この文を検討すると、彼の人格的な阿弥陀仏観がにじみ出てくる。

「ここをもって、愚禿釈《ぐとくしゃく》の鸞《らん》、論主《ろんじゅ》の解義《げぎ》を仰ぎ、宗師の勧化《かんけ》に依って、久しく万行・諸善の仮門《けもん》を出《い》でて、永く双樹林下《そうじゅりんげ》の往生《おうじょう》を離《はな》る、善本《ぜんぽん》・徳本《とくほん》の真門に回入《えにゅう》して、ひとえに難思往生《なんしおうじょう》の心を発《おこ》しき。しかるにいま特《まこと》に方便の真門を出でて、選択《せんじゃく》の願海に転入せり、速やかに難思往生の心を離れて、難思議往生《なんしぎおうじょう》を遂《と》げんと欲《おも》う。果遂《かすい》の誓い、良《まこと》に由《ゆえ》あるかな。ここに久しく願海に入りて、深く仏恩《ぶっとん》を知れり。……[3]」（傍点筆者）。

難解な文なので、現代語に訳しておきたい。「こうして私、愚禿釈の親鸞は、論主天親の『浄土論』のご解釈を仰ぎ、宗師善導のお勧めによって、久しき以前、さまざまな行を修め善を行なう方便の仮の門である第十九願を出て、永く双樹林下の往生（真実の往生ではなく化土への往生）を離れることになった。そして自力の念仏を説く善本・徳本（あらゆる善根や功徳の根本を説く）の真門（自力念仏による往生の法門）である第二十願に入り、ひとえに難思往生（自力称名による往生）を願う半自力半他力の心をおこした。しかし、こうして第十九願から第二十願に入った私であるが、今ではまぎれもなくこの第二十願を出て、阿弥陀仏が選びぬいてくださった選択本願である第十八願に転入することができた。よって、すみやかに難思往生を願う自力の心を離れ、他力の働きによる難思議往生（思議を超えた真の浄土への往生）を遂げたいと思う。それにつけても、この願を信じれば遂には第十八願の真実の世界に導き入れようとしてくださった第二十願の果遂の願には、まことに深い意味がある。すでに久しい以前から、私は本願の海に入らせていただいたことで、深く阿弥陀仏のご恩を知らせていただいた。……」。

ここで次のような問題を提起し、彼の阿弥陀仏観の人格的な側面を見てみる。

この文の中で親鸞は「いま特に」方便の真門を出て選択の願海に転入したと述べる一方で、「久しく」願海に入りてとも述べる点には少なくとも時間的な矛盾があるのではないか、という問題である。歴史的には親鸞自身同じ『教行信証』に、「しかるに愚禿釈の鸞、建仁辛の酉《けんにんかのと とり》の暦《れき》、雑行《ぞうぎょう》を棄《す》てて本願に帰す(4)」、すなわち建仁元年、二十九歳のとき、法然のもとで本願の教えに帰したというのである。そうであれば当然のことながら法然から選択の第十八願について教えられ、万行諸善の十九願仮門、善本徳本の二十願真門をすでに出て、十八願の願海に入っていたはずであり、すでに述べたようにいわゆる信心一異諍論等の歴史的事実も親鸞が至っていた信仰の境地を示している。したがって「ひさしく願海に入りて」ということは理解できても、この文の執筆時になぜ「いま特に」などと矛盾するようなことを述べているのか。もし矛盾しなければ、この「いま」という表現の背後にはどのような意味が隠れているのだろうか。この点について問題にしたい。じつはここに親鸞の阿弥陀仏観の人格的な特徴の一つが存在すると思えるからである。

まずはじめに親鸞の十九願に対する態度を見ておきたいが、十九願とは「たとい我、仏を得んに、十方衆生、菩提心《ぼだいしん》を発《おこ》し、もろもろの功徳を修して、心を至し願を発して我が国に生まれんと欲《おも》わん。寿《いのち》終わる時に臨んで、たとい大《だい》衆と囲繞《いにょう》してその人の前に現ぜずんば、正覚を取らじ」というものである。この中の「菩提心を発し、もろもろの功徳を修して」（発菩提心、修諸功徳）、つまり菩提心をおこし、功徳を積むというあり方は当時の仏教界では基本的な立場であり、親鸞も当然比叡山でこれに精進した。

ちなみに親鸞と同じ年に生まれた明恵が法然をはげしく非難したことはよく知られたことであるが、その批判の書『摧邪輪《ざいじゃりん》』の中で「第十九の願に云く、『発菩提心、修諸功徳』等と云々。是れあに本願にあらずや[5]」と指摘している。法然がこの菩提心をおろそかにしていると非難しているのであるが、当時の仏教界ではこのような非難はむしろ当然でもあった。しかし煩悩を滅ぼすことができないで苦しんでいた親鸞には、菩提心をおこし功徳を積むなどということはやはり不可能だった。

問題は法然に導かれ十八願の願海に入った親鸞が、逆にこの立場から十九願にかかわり、問い続ける点である。このような態度は十九願の修諸功徳を『観無量寿経』のいわゆる定善と散善であるとし、「定散《じょうさん》諸機をこしらえて　正雑《しょうぞう》二《に》行《ぎょう》方便《ほうべん》し[6]」た釈迦、弥陀の意志を聴きとらせることになる。つまり十九願の菩提心や修諸功徳は、最後には自力の行を棄てて本願念仏に帰させるために釈迦・弥陀が方便として説いてくださったのだという点である。十八願に入りながらも、かえって十九願にこだわり続け釈迦、弥陀の意志を聴きとろうとしているのだ。すなわち十八願に教導されたことによって、菩提心をおこし得ない自身のためにじつは阿弥陀仏ご自身が十九願を方便として説いてくださっていた、と読みこんでいった点である。功徳の善悪を観念するのではなく、常に阿弥陀仏の意志を聞き、人格的な応答の中に生きる親鸞の態度に注目したいのである。このような態度は、二十願との関係においてさらに強い。

二十願とは、「たとい我、仏を得んに、十方の衆生、我《わ》が名号《みょうごう》を聞きて、念を我が国に係《か》けて、もろもろの徳本《とくほん》を植《う》えて、心を至し回向《えこう》して我が国に生まれんと欲《おも》わんに、果遂《かすい》せずんば、正覚を取らじ」というものであるが、親鸞はこの善本徳本の真門（二十願）に惹かれ、ひとえに難思往生の心を発したと述べている。留意すべきはまさにこの『教行信証』を書いているときに、「しかるにいま特に方便の真門を出でて」と書く点をそのまま受けとると著作の時までこの二十願にもいた、ともいえる。この点をどう考えるべきか。たしかに法然に出会い雑行を棄て本願に帰し、全存在をかけて念仏に自分を託した。しかしじつは念仏に託した自分のその意識の根底に執拗な自力の執心を見出さざるを得ないという、信仰を得た喜びと自力執心の苦渋の二面がそこに込められていると考えられるのだ。

たとえば四十二歳の建保《けんぽう》二年（一二一四）、「衆生利益《すぞうりやく》のためにとて」「『三部経』を千部」(7)読誦しようとした自分を反省し、五十九歳に至って「人の執心《しゅうしん》、自力の心《しん》は、よくよく思慮あるべし」(8)と恵信尼に語った親鸞である。二十願的自力を捨てたはずの自分が、十八願に入ることによって逆に自力の執心を鮮明にし、二十願に逆戻りしているのである。しかしこの繰り返しの苦悩がまた「信を生ずることあたわず、仏智《ぶっち》を了《さと》らず。かの因を建立《こんりゅう》せることを了知することあたわざる」(9)衆生を遂には十八願に入れずにはおかないという果遂の誓の意志を聴きとらせる。すなわち十八願に入りながら二十願に逆戻りせざるを得ない刻々の「いま」が阿弥陀仏の人格的な意志を聞きとらせるのであり、このような「いま」は歴史的な時点としての「いま」であると同時に自覚の体験的事実としての「いま」でもある、と考えられるのである。

したがって問題の「いま」は、著作時の「いま」であると同時に阿弥陀仏によって自力の執心に気づかされる刻々の応答の瞬間の「いま」でもあり、このような体験内においては「いま」と「久しく」の矛盾は解消されることになる。

さてこのような阿弥陀仏の人格的な意志との応答に生きようとする親鸞においては、「たとい我、仏を得んに、十方衆生、心を至し信楽《しんぎょう》して我が国に生まれんと欲《おも》うて、乃至《ないし》十念せん。もし生まれずは、正覚を取らじ。唯《ただ》五逆《ごぎゃく》と正法《しょうぼう》を誹謗《ひほう》せんをば除く」という第十八願の三心すなわち至心・信楽・欲生我国の意味と主体も変えてしまうことになる。

先にあげた明恵は法然に対し、「汝が引くところの第十八願の中に云く、『至心信楽欲生我国《ししんしんぎょうよくしょうがこく》』と云々。明らかに知りぬ、内心は是れ正因なり[10]」と指摘し、至心信楽欲生我国を自分自身の「内心」とし、これを往生の正因とする。すなわち人間の内面的な心に帰着させ、この心を清浄にすることによって往生が決まるというのだ。

これに対し親鸞は、三心の中に阿弥陀仏の意志を求めていく。一例をあげれば、至心についての釈として次のように述べている。「仏意測《はか》り難《がた》し、しかりといえども竊《ひそ》かにこの心を推するに、一切の群生海《ぐんじょうかい》、無始よりこのかた乃至《ないし》今日今時に至るまで、穢悪汚染《えあくわぜん》にして清浄《しょうじょう》の心なし。虚仮諂偽《こけてんぎ》にして真実の心なし。ここをもって如来、一切苦悩の衆生海《しゅじょうかい》を悲憫《ひびん》して、不可思議《ふかしぎ》兆載永劫《ちょうさいようごう》において、菩薩の行を行じたまいし時、三業の所修、一念・一刹那《いっせつな》も清浄ならざることなし、真心ならざることなし。如来、清浄の真心をもって、円融無碍《むげ》・不可思議・不可称《ふかしょう》・不可説の至徳を成就したまえり。如来の至心をもって、諸有《しょう》の一切煩悩《ぼんのう》・悪業・邪智《じゃち》の群生海に回施したまえり」(11)（傍点筆者）。

この「今日今時」の「今」は先の体験事実としての「いま」と呼応すると考えられるが、如来は苦悩する一切の衆生を悲憫し菩薩の行を行じられたとき、一瞬一刹那といえども清浄でなかったことはなく、至徳の功徳を成就し衆生のために施してくださったというのだ。至心は単なる人間の心ではない。このように親鸞の目は仏の意志と働きかけに向けられ、そこに彼の全関心が集約されているのである。

明恵の目は清浄な人間の内面を見、仏意による救いというよりも、仏の境地に自己の心を純化し得るというところに向けられている。したがって菩提心もあくまで自己がおこすものである。しかし親鸞においては菩提心は仏によってたまわる心であった。招き呼ぶ本願に応ずる親鸞においては、三心も菩提心も仏のほうから引きおこされるものなのである。ここには阿弥陀仏の意志を「久しく」聞き、同時に「いま」も聞き続けているきわめて強い人格的な阿弥陀仏観が考えられるのである。自己の菩提心や仏性を介して仏と連続し得るという非人格的な立場に立つ明恵とは異なるのである。

以上三願転入の文の「いま」の背後に存在する親鸞の人格的な阿弥陀仏観の特徴について考えてみたが、ちなみにこのような親鸞の特徴は、神の意志との結びつきを根幹とし「神の呼びかけ」に応答するキリスト教的な信仰との類似性が指摘される原因にもなっている。

非人格的な阿弥陀仏観

しかし同じ親鸞にあって、同時に非人格的な側面をもつ阿弥陀仏観も存在すると思えるので、この点について次に検討したい。

たとえば『唯信鈔文意』には、「法性《ほっしょう》すなわち法身《ほっしん》なり。法身は、いろもなし、かたちもましまさず。しかれば、こころもおよばれず。ことばもたえたり(12)」とされ、また『末燈鈔』には、「無上仏《むじょうぶつ》ともうすはかたちもなくましますかたちのましまさぬゆえに、自然《じねん》とはもうすなり(13)」と述べられている。

これら法身、無上仏としてとらえられる阿弥陀仏は、一見人格的にとらえられる阿弥陀仏とは内容を異にするかのように思われ、人格的な仏と非人格的な仏が親鸞という同一主体の中で同時に信の対象とされているように考えられるが、なぜであろうか。そしてその両面を同時に信じることがいかにして可能になるかについても考えてみたい。

もちろん阿弥陀仏は、たとえば『一念多念文意』に「一如宝海《いちにょほうかい》よりかたちをあらわして、……阿弥陀仏《あみだぶつ》と、なりたまうがゆえに……この如来を方便法身《ほうべんほっしん》とはもうすなり。方便ともうすは、かたちをあらわし、御《み》なをしめして衆生にしらしめたまうをもうすなり(14)」と述べられるように、阿弥陀仏はもともと一如（真如、真理）の世界、つまり非人格の世界の存在であり、報身《ほうじん》、方便法身としてその一如の世界から姿を現わしたのであって、本来は同一の存在でもある。人格性・非人格性の二面に分けて考えることは、宗学の場からすれば戯論であるかも知れない。

しかし仏教以外のさまざまな宗教の場、たとえば一神教のような立場から比較宗教的に見るとき非常に関心を引く問題である。したがってここではかりに阿弥陀仏観の非人格的な側面に焦点を当てて考えてみたいのである。また、この問題を仏教において重要な問題である「仏性」の問題と関連させたい。仏性とは大乗仏教では仏に成り得る可能性をいい、すべてのものにそれがそなわっているという。他宗教との比較において特徴のある見方であり、親鸞の阿弥陀仏観の特徴を指摘する場合にも意味があると考えられるのである。

『教行信証』信巻に、親鸞は『涅槃経』から次のように引用する。「一乗は名づけて仏性《ぶっしょう》とす。この義をもってのゆえに、我《われ》『一切衆生悉有仏性《しつうぶっしょう》』と説くなり。一切衆生ことごとく一乗あり。無明覆《むみょうおお》えるをもってのゆえに、見ることを得ることあたわず、と」(15)。

彼は、はげしく人間の罪悪性、無能をえぐり、仏性を否定しているような印象を与えるが、実は一切衆生はすべて一乗すなわち仏性があるにもかかわらず、無明におおわれているために仏性を「見ることを得ることあたわず」(不能得見)、つまり見ることができないといっているのである。悉有仏性自体を否定するのではなく、ただそれを見ることができないといっているにすぎないのである。

さらに『観無量寿経』冒頭の親を殺害しようとした阿闍世の物語に触れ、「『阿闍世《あじゃせ》』は、すなわちこれ煩悩《ぼんのう》等を具足せる者なり。……煩悩の怨《あだ》生ずるがゆえに、仏性を見ざるなり」(16)という。阿闍世のような人間の場合にも無仏性とはせず、煩悩のために仏性を見ることができないとする態度に注目したい。この態度には、五逆、誹謗正法の徒、闡提《せんだい》であっても、仏によって無明を破られれば、仏性を見得るとする彼の見方が伏在している。

さらに「また願わくはもろもろの衆生、永くもろもろの煩悩を破し、了了《りょうりょう》に仏性を見ること、猶《なお》妙徳《みょうとく》のごとくして等しからん、と」[17]。「一切衆生また無常なりといえども、しかもこれ仏性は常住にして変なし」[18]などと述べているが、要するに、煩悩に束縛されてはいてもひたすら阿弥陀仏を信ずるその信仰の中に、仏性が開かれ、開顕され、本来の悉有仏性への道が自覚されていくというのである。従来親鸞が研究される場合、人間の罪悪性、煩悩熾盛《しじょう》の面が強調されるあまり仏性観が重視されない傾向があったが、親鸞の宗教性を他宗教のそれと比較する場合、この問題は重要なポイントの一つになるので、以上の点に留意しておきたい。

さて『唯信鈔文意』には次のような文がある。「この度衆生心《どしゅじょうしん》ともうすは、すなわち衆生をして生《しょう》死《じ》の大海《だいかい》をわたすこころなり。この信楽《しんぎょう》は、衆生をして無上涅槃《ねはん》にいたらしむる心《しん》なり。この心すなわち大菩提心《だいぼだいしん》なり。大慈《だいじ》大悲心なり。この信心すなわち仏性なり」[19]。この文章に親鸞の仏性観の特徴が見られる。生死する身から度されることが親鸞における願いであったのであるが、この衆生を度そうとする心は仏の側にある。すなわちその心の主体が仏の方に転換されているのである。そうであれば信楽すなわち信の主体も仏にあるのであって、その信は完全であり純粋であり、これは衆生を無上涅槃に至らせる心にほかならず、したがって大菩提心であるというのだ。またこれは仏意すなわち仏の意志によるがゆえに大慈大悲心である。こうしてみずから衆生を信じるその仏の信は正に仏の純粋な信であって仏性たり得るのであり、その信心をたまわると信じる衆生の信も同時に純粋であり仏性たり得るという内的論理が存在する。さらに信の主体、仏性の主体は阿弥陀仏にあるのであるが、その人格的な働きに関心を集約した親鸞においては、その信の主体、仏性の主体は強く衆生のほうにならなければならない。なぜなら阿弥陀仏がそれを強く願っているからである。

このとき、仏性はまったく新しい意味をもつ。「この信心すなわち仏性なり。すなわち如来なり。この信心をうるを慶喜《きようき》というなり。慶喜するひとは、諸仏とひとしきひととなづく[20]」。この信心は如来よりたまわったものであり、まったく清浄であるから仏性である。この信心を得たことにひたすら慶喜する衆生は、信心、仏性が清浄であるゆえに諸仏と等しくなるのだ。「信心よろこぶそのひとを如来とひとしとときたまう　大信心は仏性なり　仏性すなわち如来なり[21]」。如来の信心をたまわったと喜ぶことは、そのまま如来の真意を信じ、如来の心と等しくなり、一つとなることだからこそ如来と等しい、さらにこのように信じる心はその心が如来と等しいがゆえに仏性である、といういわば信仰の論理がその基盤になっているのである。

さらに『唯信鈔文意』に、「この如来、微塵《みじん》世界にみちみちたまえり。すなわち、一切群生海《ぐんじようかい》の心《しん》なり。この心に誓願を信楽《しんぎよう》するがゆえに、この信心すなわち仏性なり。仏性すなわち法性《ほつしよう》なり。法性すなわち法身《ほつしん》なり。法身は、いろもなし、かたちもましまさず。しかれば、こころもおよばれず。ことばもたえたり。この一如《いちによ》よりかたちをあらわして、方便法身《ほうべんほつしん》ともうす御《おん》すがたをしめして、法蔵比《び》丘《く》となのりたまい(22)」と述べられているが、このような信仰に内在する阿弥陀仏観について考えてみる。

みずから法蔵菩薩と名のった仏は本来いろもかたちもない法性法身であった。それゆえ仏の意志を聞き、回向された信をたまわったのちには、仏意に従い法性法身への信に深まっていかねばならないし、こころもことばも絶えた境地に導かれねばならない。阿弥陀仏の本意を聞きとろうとすればするほど、親鸞においては阿弥陀仏が法蔵比丘と名のる以前の本源的な姿を求め、信じようとすることは必然的なことになる。そこに信心はまた仏性たり得、真の仏性が開かれていくことになる。

善悪の判断等もここにおいては消去される。『末燈鈔』には自然法爾の境地について書かれた有名な文章が収録されている。「弥陀仏《みだぶつ》の御《おん》ちかいの、もとより行者《ぎょうじゃ》のはからいにあらずして、南無阿弥陀仏とたのませたまいて、むかえんとはからわせたまいたるによりて、行者のよからんともあしからんともおもわぬを、自然《じねん》とはもうすぞとききて候う(23)」。さらに阿弥陀仏の「ちかいのようは、無上仏《むじょうぶつ》にならしめんとちかいたまえるなり。無上仏ともうすはかたちもなくまします。かたちのましまさぬゆえに、自然とはもうすなり。かたちましますとしめすときには、無上涅槃《むじょうねはん》とはもうさず。かたちもましまさぬようをしらせんとて、はじめて弥陀仏とぞききならいて候う。みだ仏は、自然のようをしらせんりょうなり(24)」とされるように報身仏としてあらわれた弥陀仏の本意は、人間を無上仏にならしめること、自然法爾を知らせて無上涅槃に至らせることであった。したがって阿弥陀仏の意志、本意に気づき得たとき、法蔵菩薩、弥陀仏を信じた人格的な信が、さらに仏の本来法性をあらわす無上仏、法身への信仰、涅槃寂静の境地への信仰に昇華されていかねばならない。

このような境地には、昇華された非人格的な存在としての阿弥陀仏が定位されているのであり、親鸞における人格的な阿弥陀仏観と非人格的な阿弥陀仏観が二重の意味をもちつつ、重層しながら一つとなっているのである。すなわち人格的な見方を徹すれば徹するほど非人格的な見方に昇華、純化され、人格的な阿弥陀仏への信仰が深まれば深まるほどその信仰は非人格的な法性法身への自然《じねん》の信仰に浄化される親鸞の信仰の特徴がその根底に考えられる。このような親鸞の態度は、仏の側から仏性を開顕され、「如来とひとし」という境地にまで導かれ、仏教本来の悉有仏性の見方に再帰する体験より生まれてきたものであるといえるし、ここに彼の独自な阿弥陀仏観がうかがわれる。

さて以上のような親鸞の阿弥陀仏観に見られる人格的な特質と非人格的な特質は、やはり仏教的な特色をもつものであって、たとえばキリスト教のような一神教の神観とは明らかに異なる。たとえばキリスト教神学の場からK・バルトは親鸞の教えを「真実の宗教（wahre Religion）」とし、阿弥陀仏を「最高の人格的な神（höchster persönlicher Gott）」[25]としたが、この見方は親鸞の非人格的な側面を看過しているといえよう。

また先にあげたハイラーが深く親鸞を理解しながらも、「阿弥陀仏の名をキリストと取り替え（ersetzen）[26]」得るとまで述べていることは、阿弥陀仏と法蔵菩薩の関係の中に神とイエスの関係を求めようとしたのかも知れないが、前者は法性法身と方便法身の関係であり、後者は神と神が歴史的世界につかわしたナザレのイエスとの関係であって、そこには根本的な背景の異質性が存在している。人格的な側面では類似性が考えられるにしても、あくまでそれは方便法身としての面であることを確

図１　親鸞の阿弥陀仏観

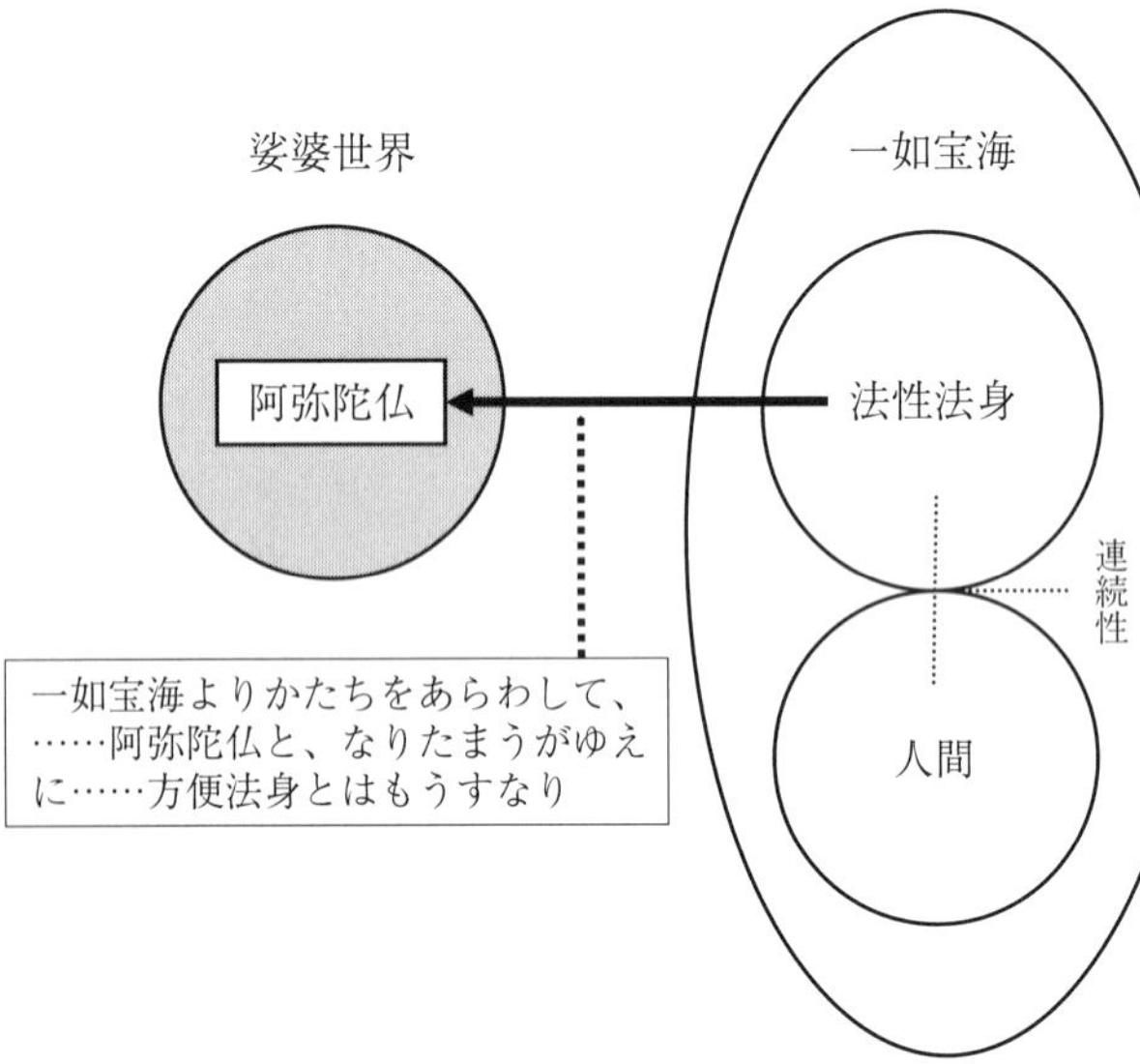

親鸞の阿弥陀仏観の特徴…本来非人格的な存在であったが、親鸞のために方便の姿をとって現れてくださったと考えた。

※一如宝海の世界では仏性を媒介に仏と人は連続性をもち仏に成り得るが、娑婆世界では不可能と考えざるを得ず、それを可能にするため、仏はあえて方便の姿で現われてくださったと考えたのである。

※阿弥陀仏を灰色にしたのは、方便の姿となり人格性をもつようになったため。

認しておかねばならない。この点を看過すれば親鸞が至った法性法身への信仰の境地とその境地における阿弥陀仏観の正確な理解が成り立ち得ないからである。

以上、親鸞の阿弥陀仏観の特徴に触れてみた。

二　人間観

よく知られているように『歎異抄』には、「善人なおもて往生をとぐ、いわんや悪人をや[27]」と述べられている。いわゆる「悪人正機」といわれるあり方であるが、このような発想はすくなくとも一般的な社会通念や倫理的規範に立ったものではないし、論理的にも通常のものではない。たしかに平安末期に至り念仏信仰が広く庶民に浸透し、悪人であっても救済の対象になり得ると確信されるようになってはいたが、悪人こそ救いの正機であるという見方はなかった。

では親鸞は「悪人」の「悪」をどのようにとらえ、悪の字にどのような意味をこめているのであろうか。悪人を正機とするには独自な悪の意味がなければならない。彼の生涯の大半はこの悪の追究に向けられていたといっても過言ではないが、「苦悩（Qual）が人間存在の根底と源泉（Quelle）を掘り抜いて、宗教的生を湧出せしめる[28]」ものである以上、この悪および悪人の意味を追究することは、彼の人間観と同時に彼の信仰を側面的に考察することにもなるだろう。

また親鸞は師法然の教えを振り返り、同じく『歎異抄』に「善悪のふたつ総じてもって存知《ぞんじ》せざるなり[29]」と述べている。善悪についてはまったく知らないというのである。なぜなのか。善・悪を知らないで、悪人が救いの正機となることがどうして可能になるのだろうか。ここには、通常の発想とは次元を異にする信仰に究極の基準をおく、宗教的な悪の意味が存在すると思う。であれば、一般的な善悪観を突き破って思い至る宗教的な悪の意味とはどのようなものであろうか。

さらに親鸞は、「煩悩具足《ぐそく》の凡夫、火宅無常《かたくむじょう》の世界は、よろずのこと、みなもって、そらごとたわごと、まことあることなきに、ただ念仏のみぞまことにておわします[30]」とも述べている。彼は現実の世のこと、社会のことをすべてうそ・偽りととらえ、「まこと」すなわち真実なものがないとするが、留意すべきは、現実の世界の諸事を善悪の価値判断でとらえず、まこと、真実を基準としてとらえようとする点である。人間が単に観念的に思考する相対的な善悪判断に満足できないで、その判断以前の真実性を見すえようとする態度がその根底にある点である。

念仏のみを真実であるとする背景には、善悪の判断ではなく、仏の前にまことの心、真実心をもち得るか否かという問題が先行しているのだ。通常の社会的善悪観とはまったく異なる、仏との関係が先行していると考えられるのである。ここにもまた宗教的な善悪観と人間観の特徴の一つが存在するが、「宗教に於ては善と悪の対立、……かゝる対立を内在的に包蔵する主体たる人間が問題であるからである[31]」という見方がある。もちろん人間として社会に存在する以上、一定の善悪観をもつことは当然であるが、このような善悪観によってのみ善人、悪人の区別をするのではなく、それ以前に人間として存在する自己の存在自体をどうとらえるか、そこに問題の所在があるのだ。善悪をもつ人間を見すえるのである。したがって善悪ではなく「まこと」「真実」が究極の関心になると考えられるが、まずは彼の悪、悪人の意味を問いつつ、彼の人間観について考えていきたい。

悪人とは

親鸞の悪について考える場合、まず悪と「罪」の関係に触れておかねばならないが、たとえば『入出二門偈頌』に、「今の時、悪を起こし衆罪を造ること、恒常《ごうじょう》にして暴風駛雨《ぼうふうしう》のごとし[32]」とある。これによれば、悪心をおこし衆罪すなわちもろもろの罪をつくると解すべきであり、悪と罪は動機と結果、心の働きとその結果としての行為の相違であって根本的には、「『あく』と『つみ』とはその意識内容を同じくするものである[33]」と見てよいだろう。したがって悪心をもつ悪人は罪をつくり罪業をつくる者であり、罪をつくる者は悪心をもち悪なる人間であるという関係が成り立つ。

そこで、まず当時の社会における悪人とはどのような人間を指していたのかを見てみる。千輪慧は、「主として歴史家の間で、親鸞の思想の社会的基盤の問題として悪人正機の問題をとりあげ、その『悪人』はどの社会的階層に相当するか、ということが論議された。そしてそれを『新百姓・下人・自営農民たる百姓』とする説（服部之総氏）や、それに対する訂正的なものとして武士を前面に押し出す説（家永三郎氏）や、また『悪人正因説は農民ことに耕作農民には受け入れられないものを持っていた』として、それは商人的存在と考えるのが適当という説（赤松俊秀氏）が現れたり、さらにまたそれらを綜合批判して、それは『在家農民』であるという説（笠原一男氏）も現れている[34]」と指摘しているが、私は今この中の一つを取捨選択して限定する訳にはいかないと思う。

たしかに仏教において悪中の悪とされていた殺生を生業とする武士・狩猟者・漁民・屠殺人、また無知無明とされた農民たちが悪人とされていたと考えるのも納得できなくもないが、私見によれば問題は親鸞がそのような人間の間の区別をまったく排除している点である。悪や罪、業を観念の場ではなく、真実の心という場から問題にする彼にあっては、人間の生業、そこから生じる貴賤、善悪などはまったく問題にならないのである。

「うみかわに、あみをひき、つりをして、世をわたるものも、野やまに、ししをかり、とりをとりて、いのちをつぐともがらも、あきないをもし、田畠《でんぱく》をつくりてすぐるひとも、ただおなじことなり(35)」というのである。少なくともここには当時の社会的善悪観、貴賤的価値判断は介入し得ない。彼が語勢を強めて「人倫《じんりん》の嘲《あざけり》を恥じず(36)」と言い切るのも、このような社会通念に妥協しない彼の姿勢を示したものであると思われる。

当時の仏教界における悪人

では次に、当時の仏教界は悪や悪人をどのように考えていたのだろうか。法然や親鸞を流罪にする理論的根拠を与えた興福寺奏状は、周知のように法然の説く専修念仏には九失があるとした。その第四に「万善を妨ぐる失」を指摘した。専修念仏がなぜ万善を妨げるというのか、その根拠を問うことは当時の仏教界の善悪観の一面を見ることにもなるので、今この点を見ると、たとえばその中に「堂塔の建立《こんりゆう》、尊像の造図のごとき、これを軽んじて、これを咲《わら》ふこと、土のごとく、沙のごとし(37)」とあり、堂塔建立、尊像造図のような善行を軽んじることが許せないというのである。しかしこのような善行は、一部の富裕な人間には可能であっても、ほとんどの庶民には不可能である。海や川に魚をとらえ、山野に狩をして殺生するほか生業をいとなみ得ない人々、無知無明のまま田畑を耕し続けて生を終えざるを得ない人々には、善行は無縁のものとなる。

親鸞はこのような伝統的な仏教界でいわれる善行の中に虚偽を見、悪人や愚人といわれる人々の中に真実を見ようとした。のちに越後や関東で田舎の人々が泥にまみれ、野にへばりついて生きる姿を見るにつけ、この思いをいよいよ強くしていった。人間の本性とその行為を見すえ、『愚禿鈔』では次のように述べている。「外に賢善《げんぜん》精進《しょうじん》の相を現ずることを得ざれ。内に虚仮《こけ》を懐《いだ》きて、……三業を起こすといえども、名づけて雑毒《ぞうどく》の善とす、また虚仮の行《ぎょう》と名づく、真実の業《ごう》と名づけざるなり[38]」。外面的にどんなに賢善をよそおい精進し善行を積んでも、内心に虚仮をいだけばそれは雑毒の善となる。うそ偽りをもってすればいかなる行も偽りの善であって真実ではない、というのだ。人間の悪性はさらに深いものだからである。ここに親鸞が悪の深みを見つめ、偽りの善を破って、相対的な善悪よりもはるかに高度で真実なものを求めていたことがわかる。

さらに奏状は同じ第四の失の中で、法然門下の弟子が念仏以外の教えを誹謗していると指摘する。この奏状を書いたのはすぐれた学僧貞慶《じょうけい》であったが、その誹謗を『無量寿経』の第十八願中の「唯除五逆誹謗正法」（傍点筆者）、すなわち字面通りに受けとれば、五逆を犯す者と仏法を誹謗する者は救いから除かれるという文と関連させて糾弾する。「大乗を謗ずる業、罪の中にも最も大なり、五逆罪と雖も、また及ぶこと能はず。是《ここ》を以て、弥陀の悲願、引摂《いんじょう》広しと雖も、誹謗正法、捨てて救ふことなし。ああ西方の行者、憑《たの》むところ誰に在るぞや(39)」。仏法を誹謗する者は救いから除かれると第十八願の中に説かれているではないか、その罪を念仏者自身が犯しているではないか、もはや救いはない、と非難するのである。ある意味で的を射た鋭い批判でもある。

しかしこれに対して親鸞は、専修念仏は決して他の教えを誹謗してはいないと訴え、さらに深く「唯除五逆誹謗正法」の字義について探究し、善導の「散善義」の中に五逆と誹謗正法の二つの悪は「ただ如来、それこの二つの過《とが》を造らんを恐れて、方便して止《とど》めて『往生《おうじょう》を得ず』と言《のたま》えり(40)」と述べられていると指摘する。つまり貞慶がその文をそのまま字義通り受けとったのに対し、親鸞はその文の真実の意味は人間がそのような罪を犯すのを案じ、それをやめさせるために方便としてそう表現してくださったのだと受けとっているのだ。つまり親鸞は阿弥陀仏の意志を聞きとってこの文を理解しようとしたのである。このような態度を見ると、親鸞の発想の基盤は当時の仏教界の善悪観、人間観ともまったく異なり、きわめて人格的な阿弥陀仏との出会いと交わりの中にあることがわかる。

これを換言すれば、堂塔の建立や尊像造図の不可能な人間、また世に悪人といわれ、救いから除外されているようにいわれる人々がいかにして救われるか、というところに常に親鸞の視点が置かれているのだ。善・悪の次元、善人・悪人の相対的次元を超えて、善人であろうが悪人であろうが、いかにして真実に仏に顔を向け得るかが発想の基盤になっていると考えられるのである。

親鸞は述べる。「信《まこと》に知りぬ、聖道《しょうどう》の諸教は、在世正法《しょうぼう》のためにして、まったく像末・法滅の時機にあらず。すでに時を失し機に乖《そむ》けるなり。浄土真宗は、在世・正法・像末・法滅、濁悪《じょくあく》の群萌《ぐんもう》、斉《ひと》しく悲引したまうをや」(41)。彼によれば、浄土の真宗の教えは特に当今の濁悪の人々に妥当するという。これに対し聖道門の教えは濁悪の人々、すなわち悪に汚れた人々を救うことはもはやできないというのだ。とすれば、釈迦在世の正法のときの判断基準であった善悪観は末法の時期、濁悪の人々には妥当しないことが理解されねばならない。ここに親鸞は人間を正法の時代においてではなく、末法の時代において考えていることがわかる。

「釈迦如来かくれましまして　二千余年になりたまう　正像《しょうぞう》の二時《にじ》はおわりにき　如来の遺弟《ゆいてい》悲泣《ひきゅう》せよ」(42)。この悲痛な言葉には、すでに末法に入っている以上正法の時代の行や証、善悪観をそのまま要求することがいかに理不尽なことか、このことに気づかず法然を流罪にしたことがいかに傲慢で時代錯誤なことであったか、という非難の叫びがこめられている。悲泣すべき末法の人間が末法の凡夫であることを忘れ、単なる人間の善悪観によって、末法相応の救いを求めた法然を処断したことは、まさに許しがたいことであった。「末法《まっぽう》五濁《じょく》の有情《うじょう》の　行証《ぎょうしょう》かなわぬときなれば　釈迦の遺法《ゆいほう》ことごとく　龍宮《りゅうぐ》にいりたまいにき」(43)。末法の今に至っては、すでにいかなる行も悟りもかなわない。釈迦の教えもこの世から隠れ、竜宮に入ってしまった、というのである。したがって聖道門における修行、悟りはすでに人間の真実の善悪を定める基準にはなり得ないと彼は考えたのである。

この点については、すでに比叡山時代前期・後期の修行期に身をもって感じ、そののち流罪に至らせた南都の僧達の善悪観によってはっきりと知らされ、さらに越後、関東の田畑に生きる人々を見るにつけ、身にしみて感じたことであろう。またそのような人々を単に悪人、愚人と見下すことがいかに愚かなことであるかを実感したに違いない。釈迦在世の時代の教えに適合するか否かによって表面的に善悪を定めることが、末法の時代においていかに理不尽なことであるかも痛感していたに相違ない。ここに当時の社会的善悪観、伝統仏教の善悪観を脱し、仏の前に仏の真実の意志すなわち仏意を求めることが究極であり、それが末法の世に真実に生きることとなるという彼の確信の根拠がある。ではこのような考えに至らせた彼自身の悪および悪人としての人間観がどのようなものであったかを次に問うてみたい。

宿業に立つ人間観

親鸞においては、自身が人間として現に肉体をもち生きて存在することがまさしく「悪」であった。これが彼の苦悩の原点であり、悪人観、人間観の基盤になり、同時にその自覚が信仰への発端となったと考えられるのである。以下、この点について検討したい。

「自身は現にこれ罪悪生死《ざいあくしようじ》の凡夫、曠劫《こうごう》より已来《このかた》、常に没《もつ》し常に流転して、出離《しゆつり》の縁あることなし」(44)。この文は善導の『観経疏』から引かれた「深信」についての引用文の一部であるが、親鸞の著作では自己の本心を表白するときにしばしば引用されるので、彼の真意を表わすと見てよい。この文の意を解するに、わが身は現に悪をなし罪をつくっている生死の凡夫であり、久遠の昔から今日まで常に生死界に浮沈し、流転し続け、迷いから脱出することなど到底不可能であると告白するものである。

留意すべきは、今現に存在し悪をなし罪をつくっている彼自身の存在そのものに悪の姿を見、全関心を集中している態度である。観念的に悪を思考したり、客体的に自己を見るのではなく、瞬時瞬時に悪を犯さざるを得ない自己の存在におののいているのである。善悪を理念として規定し自身の行為を善悪の範疇に当てはめるのではなく、それ以前の自己存在そのものを悪であると感じ、仏の前に全身で懺悔《さんげ》しているのである。思考ないしは判断の場にいるのではなく、仏に向かって告白しているのである。すでに人間の間の善悪、観念の善悪は彼においては関心となり得ず、必然的に消去されるものになっているのだ。「大小聖人《しょうにん》、善悪凡夫の、みずからがみをよしとおもうこころをすて、みをたのまず、あしきこころをかえりみず(45)」というあり方になっているのである。

ところで、自身の存在をそれほどに悪と感じさせる「生死」や「流転」とはどのようなものだろうか。彼は悲嘆し、述懐する。「恩愛はなはだたちがたく　生死《しょうじ》はなはだつきがたし(46)」と。恩愛とは愛欲の一つで、親子・兄弟・夫婦などの情愛である。互いに恩を感じ合い、愛に溺れ、その絆にしばられて執着を離れられない。その結果、はてしなく生まれかわり死にかわってさまよい続ける、つまり流転するというのだ。言い換えれば、愛欲は断ちがたく、ゆえに人間はそれに縛られ、生死の鎖から脱することができず、迷い続け流転するというのである。「生死の苦海ほとりなし(47)」ともいわれる。

問題は、親鸞がこのような状況に今生きて存在していることに執拗に悪を感ずる姿である。般若的な哲学的諦観によって生死の鎖を断ち切るのではなく、たとえば比叡山時代にはげしい修行によって断ち切ろうとしたのに、到底断ち切ることなどできなかった、その絶望感に襲われ続けたおののきの中に悪を嗅ぎとっている態度が注目されなければならないのである。こうして実存的感覚によって悪を絶望的な悪にまで問いつめさせていった根拠は何か。この点をさらに一歩立ち入って考えてみる。

現実存在を悪と感じさせたその根拠は、じつは彼の「業」、「宿業」の感じ方であった。彼には人間存在の根源を動かすものとして深い業の思いがあった。「悪事《あしきこと》のおもわれせらるるも、悪業《あくごう》のはからうゆえなり。故聖人のおおせには、『卯毛羊毛《うもうようもう》のさきにいるちりばかりもつくるつみの、宿業《しゅくごう》にあらずということなしとしるべし』とそうらいき⑷⑻」と『歎異抄』にある。悪事をなそうとするのもすべて前世で行なった悪業によるというのだ。親鸞によれば兎の毛、羊の毛の先の塵ほどの罪さえも宿業によらないものはない、というのである。人間の犯さざるを得ない悪の底に、深く恐ろしい業の事実を見つめているのである。社会的な相対的善悪観に彼の発想の起点はない。

もともと「業」とはサンスクリット語ではkarmanであり、行為という意味である。身口意の三業を指し、過去の業を因とし現在の結果が生じ、現在の業により未来の結果が生ずるといわれた。しかし親鸞のように「今生《こんじょう》においては、煩悩悪障《ぼんのうあくしょう》を断ぜんこと、きわめてありがたき⑷⑼」と自省する者にとっては、業の思いは恐るべきものとなる。生きて存在すること自体が絶望的な悪そのものになり果てる。肉体をもち愛欲の広海に沈没していると感ずれば感ずるほど、泥沼のような悪の意識に引きずりこまれていく。

観念の悪であれば善をなすことによってある程度不安と恐怖は除去し得る。しかし「煩悩《ぼんのう》具足《ぐそく》のわれらは、いずれの行にても、生死をはなるることあるべからざる」[50]ことを全身で思い知る者には、もはや解脱の可能性は皆無となる。このような状況にあってはたとえ善を行なおうとしても、その心が「蛇蝎《じゃかつ》」[51]のようであってみれば、結局偽りの行となり、悪に堕すほかない。「一生悪を造」[52]る以外にないのだ。戸頃重基は指摘している。「親鸞の思想が、道元、日蓮に比較して、きわだって異なるのは、宿業感に大きな力点をおいていたことである。親鸞の思想の特徴としてだれもが認める『歎異抄』の悪人正機の説も、宿業感の帰結として語られていた」[53]。また家永三郎は、「日蓮に於ては法華経の経文がその信仰を決定した根本の因子であったが、親鸞にありては何よりもまず『濁世』『穢悪』の自覚がその教を成立せしめる決定的な前提であったと云ってよい」[54]と指摘している。

末法の世に、「そくばくの業《ごう》をもちける身にてありける」[55]「親鸞一人《しんらんいちにん》」[56]がいかにして救われるのか、この問いこそが、ほかでもなく親鸞の根本的な問いかけとなった。一人一人が永劫の悪業にひきずられて生き死んでいる身であれば、他の人間によってこれが代替されることもあり得ない。現に生きて存在している自分自身が背負うほかない。「宗教的実存の単独者の立場」、「死の問題が、さらには煩悩や罪の問題が、切実な、かけがえのないそのひと『一人』の関心事となっていなければならない」[57]と武内義範が指摘する状況でもある。性格的に妥協のできない徹底性をもつ親鸞は、このような宿業の前にひとり人間実存の苦悩の本質を問いつめていった。

このように問う親鸞においては、人間が自分を善人であると思うようなことがいかに軽薄なことであるかを思い知らされる。まして武士階級がおこり、戦乱の末法であってみればその思いは生々しい。

「これにてしるべし。なにごともこころにまかせたることならば、往生のために千人ころせといわんに、すなわちころすべし。しかれども、一人《いちにん》にてもかないぬべき業縁《ごうえん》なきによりて、害せざるなり。わがこころのよくて、ころさぬにはあらず。また害せじとおもうとも、百人千人をころすこともあるべし[58]」。自分は幸い戦乱に関係せず人を殺すことはなかった。しかしこれは自分の心が善いために殺さなかったのではない。殺さなければならない業があれば殺さざるを得ない。悪業の前に人間の存在がいかに無力であり、悪であるかという思いがその根底にあるのである。

「老母の扶養を断念しても子は出家すべきである、といった道元、道理のない殺生は制止しなければならぬが、一人を殺さなければ万人の生命の危いとき、『一を殺して万を生すべきをば許すべし』(『戒法門』)といった日蓮、そのどちらも、現代の倫理からは、反人間的な生命蔑視の思想として批判をまぬがれないが、親鸞の業の思想に比較すれば、まだ非情の度合は緩和されているといってよい。親鸞においては、生物を殺すことを禁じた不殺生戒を守ろうとする慈悲心のひとかけらさえも、宿業の前には、無力としてあきらめられているのである[59]」。非情なまでに親鸞は業にしばられた人間の現実存在の姿をえぐり出していったのだ。

このように自己の存在が非情な宿業の前に悪であるほかないという状況にあるとき、もはや社会通念の善悪、倫理的善悪、哲学的観念的善悪とはまったく次元の異なる世界に自己が置かれることになる。また戒を守り、積善し功徳を積むことによる救いも不可能となる。「持戒持律《じかいじりつ》にてのみ本願を信ずべくは、われらいかでか生死《しょうじ》をはなるべきや[60]」。「凡夫はもとより煩悩具足したるゆえに、わるきものとおもうべし」[61]。人間実存が宿業によって悪であれば、伝統的な煩悩を断滅して仏に成るというあり方はまったく不可能になる。あるいは、人間に宿る仏性を開顕して仏に成るという仏性を介した仏と人間の間の連続性も断ち切られることになる。

　このような状況にあっては、当事者の関心は、もはや「煩悩を断滅する」ことでもなく、「仏性を開顕して仏に成る」ことでもなく、煩悩をもったまま、宿業を背負ったままでの「救い」に集約されていく。「貪欲と瞋恚と愚痴を中心に身心を悩乱するところの煩悩との対決ということは、仏教の伝統でもあった。……彼の煩悩との戦いは、旧仏教の人々のように、如何にそれを払いのけるか、という戦いではなく、煩悩の中にも……救いはあり得るか、という探求であり、その意味での戦いであったのである」[62]という指摘があるが、たしかにそうともいえる。

　こうして彼の関心は煩悩断滅から、宿業にしばられた「罪悪深重煩悩熾盛」のわが身に救いはあるのか、あるとすればいかにして救われるのか、という問いに向けられていった。叡山時代の彼は、持戒持律に励み、観仏、観想に専念し、念仏三昧に徹した。しかし次第に客体的対象として仏に向かうのではなく、救われ得ない自己存在を荷《に》ないつつ、それでも救われたいというある意味で矛盾する思いを抱いて仏に向かうようになるが、このような願いを満たす仏との間には、連続性のある非人格的な仏との関係ではなく、断絶された関係をあえて打ち破ってみずから救済するという人格的な仏との関係しかなくなる。したがって独自な信仰観が生まれるはずであるが、ここでは以上のような親鸞独自な宿業観に立った人間観のみを指摘しておく。

図２　親鸞の人間観

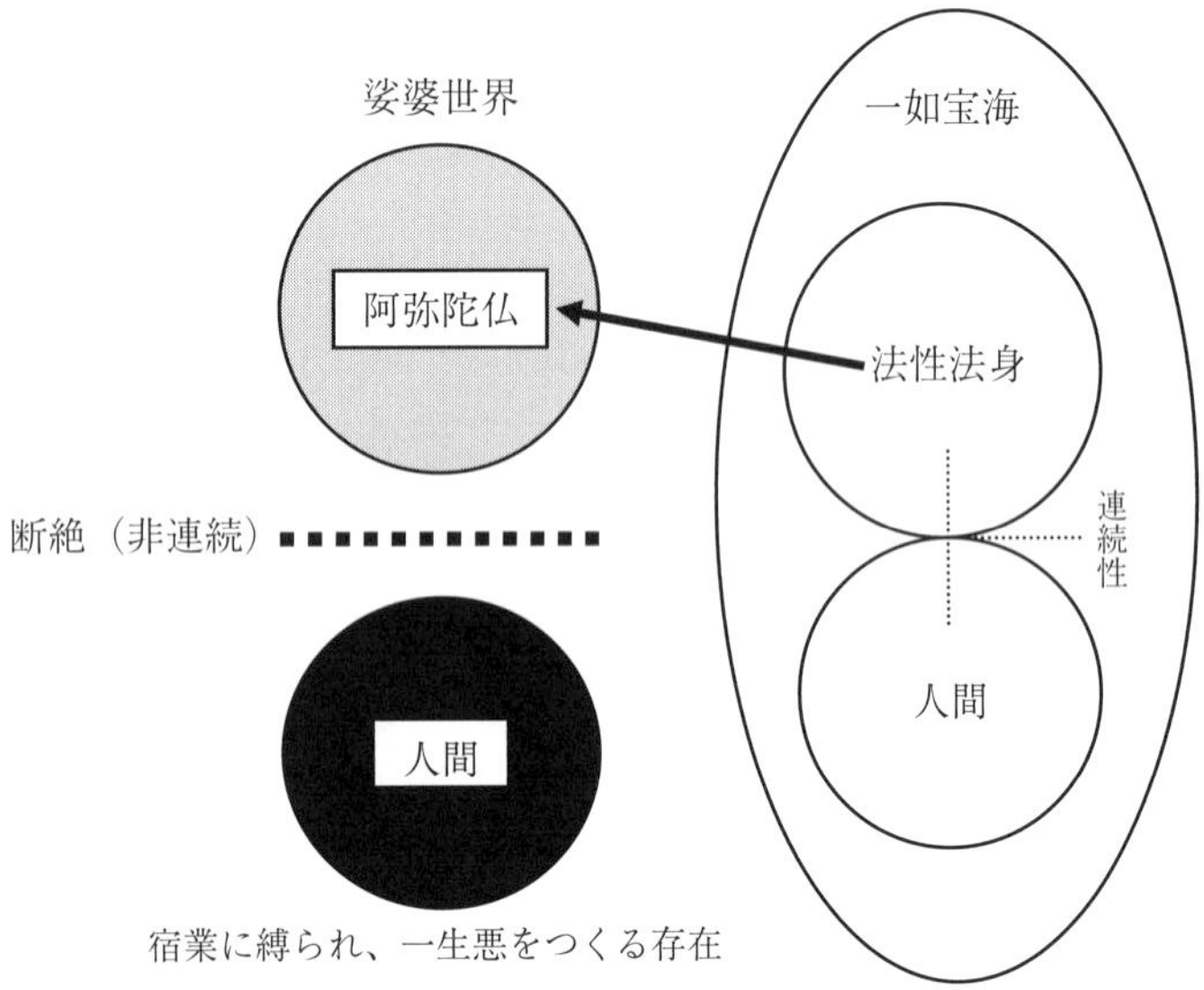

親鸞の人間観の特徴…人間は本来仏性をもつ存在であっても、宿業に縛られそれは不可能としか考えられなかった。

※一如宝海の世界では仏性を媒介として仏と人は連続性をもつが、今生の娑婆世界においては人間が仏に成ることは不可能と考えられ、仏と人間の間は非連続で、断絶があるとしか考えられなかった。

なお親鸞の悪人とキリスト教のような一神教の罪人の類似性をもとに、両立場の人間観の共通性が指摘されることがあるが、親鸞の場合は宿業に基づき、キリスト教の場合は原罪に基づく。やはりそこには根本的な相違がある。この点については第二章で触れたい。

三　信仰観

すでに述べたように親鸞の信仰の特徴を表わす言葉の一つに、「如来よりたまわりたる信心」という言葉があった。

たとえば『歎異抄』第六条には次のように述べられている。「親鸞は弟子一人《いちにん》ももたずそうろう。そのゆえは、わがはからいにて、ひとに念仏をもうさせそうらわばこそ、弟子にてもそうらわめ。……如来よりたまわりたる信心を、わがものがおに、とりかえさんともうすにや(63)」（傍点筆者）。

この文の内容は、私親鸞は弟子など一人ももっていない、自分で念仏を考え出してそれを人に申させているのであれば、弟子をもつことにもなろうが、念仏は阿弥陀如来からたまわったものであるから師弟関係など成り立ち得ないのだ。同様に信心も如来からたまわったものだから、自分が与えたものだといって取り返そうなどということはまったく見当違いなことだ、というものである。

また本章の第一節ですでに少し触れたが、同じく『歎異抄』の第十八条には、「法然聖人のおおせには、『源空（法然）が信心も、如来よりたまわりたる信心なり。善信房《ぜんしんぼう》（親鸞）の信心も如来よりたまわらせたまいたる信心なり。されば、ただひとつなり。……』とおおせそうらいしかば(64)」（傍点筆者）とある。法然の信心も如来よりたまわった信心であり、親鸞の信心も如来よりたまわられた信心ですから同じ一つのものです、と法然が語ったというのである。

私見によれば、このような「たまわりたる信心」というような信仰の形態は、世界の宗教の中でも非常に特徴のあるものであると思えるので、ここで取りあげて検討してみたいが、その特徴をより鮮明にするため、まずは従来の伝統的な仏教でいわれてきた「信」「信心」の意味を確認しておきたい。

伝統的な「信」「信心」

よく知られているように、『華厳経』には「信は道の元、功徳の母となす」（信為㆓道元功徳母㆒。[65]）と述べられ、『大智度論』には「仏法の大海は信を能入となし、智を能度となす」（仏法大海信為㆓能入㆒。智為㆓能度㆒。[66]）とされている。「信」は仏道の門に入る不可欠の第一歩、すなわち初門というべきものであった。また『大智度論』の同所には「もし人心中に信清浄あれば、この人よく仏法に入る。もし信なくばこの人仏法に入るあたわず」（若人心中有㆓信清浄㆒。是人能入㆓仏法㆒。若無㆑信是人不㆑能㆑入㆓仏法㆒。[67]）とも述べられている。

ではなぜ信は仏道のすべてではなく、初門とされたのか。その場合の信とはどのような意味をもつものであったのだろうか。同じく『大智度論』には、「仏法の中には信力を初となす。信力は能入なり。布施、持戒、禅定、智慧等はよく初めて仏法に入るにあらず」（是故仏法中信力為㆑初。信力能入。非㆔布施持戒禅定智慧等能初入㆓仏法㆒。[68]）と述べられているように、布施をすること、戒律を守ること、精神を集中すること、正しく認識判断することなど大乗仏教で行じるべき道も、信がなくてはよく入ることができないというのである。

また注目すべきは、仏教に「信解行証」という語がある点である。まず仏の教えを信じ仏道の門に入り、これを理解し了解してはじめてそれによって行を修し、証（悟り）を得るというのだ。この信じ理解するところにまず仏教本来の特色があると思える。たとえばドイツの宗教学者G・ランツコフスキーが「仏教の根底に横たわる体験は最終的には理解（Einsicht）である」[69]と指摘するが、あくまでも行証に至るために正法を信じそれを正しく理解するための信であり、信じて後なさねばならない解・行・証のための信であるという点である。無理やり信じこむという意味での信ではない。

さらに、ではなぜ信は初門にとどまり、すべてではないか。解行証への真の出発点であっても、なぜ最終的なもの、究極的なものといわれないのだろうか。じつはここに伝統的な仏教の基本的な信の意味と内容があると思うが、『倶舎論』には、「信は、心をして澄浄ならしむ」（信者。令二心澄浄一。）[70]といわれ、『成唯識論』には信は「心を浄ならしむるをもって性となし」（心浄為レ性。）[71]といわれている。仏教における信の特徴として心を澄浄にし清浄にするという見方があるのだ。もちろん信の特徴はこの見方だけではないが、最も重要な特徴の一つである。また『成唯識論』には、信を指して「水清の珠のよく濁水を清むるがごとし」（如三水清珠能清二濁水一。）[72]と比喩されているが、今私が問題にしたいのは、このような発想において人間の心が本来清浄である、という確信がその根底に存在している点だ。自性清浄といわれるのもこれである。人間は本来清浄であるからこの点を自覚し、澄浄にし、清浄にするところに意味があるというのだ。他の宗教のように何かを対象として信ずるというのではなく、本来清浄である心を束縛し迷わす煩悩を滅ぼし、清浄そのものとなって仏の教えを理解し行を実践しようとするところに仏教の究極がある。

また『華厳経』には、「浄信は垢を離れて心堅固なり」（浄信離レ垢心堅固。[73]）といわれるが、これも同様な基盤に立つものだろう。さらに「信はよく諸の染著を捨離し、信は微妙甚深の法を解り、信はよく転た勝れて衆善を成じ、究竟じて必ず如来の処に至らん」（信能捨二離諸染著一信解二微妙甚深法一信能転勝成二衆善一究竟必至二如来処一[74]）とされるように、染著つまり執着を捨てることによって法を解るというが、これは単に法を対象として理解することではない。執着を捨てることによって本来の清浄心を自覚すれば、法がみずから現われてくるということが解るということだ。また『大乗起信論』には、「論じて曰く。法有り、よく摩訶衍の信根を起す」（論曰。有レ法能起二摩訶衍信根一[75]）と述べられているが、摩訶衍とはmahāyānaの音訳で大乗の意味であり、信根とは信を成長させる力である。要するにこの文も、法がよく大乗の信を起こすこと、さらにその奥で、仏教においては人が清浄心を自覚するところに法みずからが現成してくることを言い表わしていると思える。

したがって信を初門とすることによって、その信が心を澄浄にし、法の現成がうながされ、行を修することによってこれがおのずから身証されていくことになる。ここに他の宗教とは異なった仏教の信仰の基本的で、かつ根本的な特徴があると思える。

たとえば空海も『三昧耶戒序』で信心に十種を数え、その第一に、「一には澄浄の義。よく心性をして清浄明白ならしむるが故に」（一澄浄義。能令㆓心性清浄明白㆒故。）[76]と述べている。いずれにしても人間本来清浄ととらえ、悉有仏性と考える仏教において信は初門として意味があるが、それがすべてではなかった。清浄行を実践し、おのずから証する（悟る）ことが重要であった。信が解行の前方便であるといわれるのもこの点を表わしているが、このような信が伝統的な仏教の信仰であった。貞慶が法然の浄土教に偏りを感じ、明恵が菩提心、自性清浄、仏性などを中心にはげしく法然を論難したことも、以上のような伝統的な仏教からすれば、ある意味で理解できる。

　では以上のような仏教の基本的な信の立場から見た場合、親鸞の信はどのような特徴をもつことになるのだろうか。すでに見たように親鸞には自身が自性清浄心であるとは到底思えなかった。もちろん比叡山で右のような仏教の信のあり方は知らされてはいたが、それは教義としてであり観念としてであった。『正像末和讃』に、「罪業《ざいごう》もとよりかたちなし　妄想顛倒《もうぞうてんどう》のなせるなり　心性《しんしょう》もとよりきよけれど　この世はまことのひとぞなき[77]」（傍点筆者）と悲歎している。これによれば、人間の心性が本来清浄であることは当然知っていた。しかし問題は、それにもかかわらず煩悩にしばられ真実に生きられない自己の実存的な姿が現実の姿であったという点だ。ここに彼の苦悩があったのである。八十六歳でこの和讃を書くときも、まだこのように悲歎述懐している。この親鸞の生を支えてきた信仰は、したがって伝統的な仏教の信とは一面で異なる信仰でもあったということになる。そこでこのような側面から彼の信仰の意味をたずねてみたい。

信は願より生じる

親鸞は、『教行信証』で注目すべき表現をした。信巻で「涅槃の真因はただ信心をもてす」といい、行巻では「正定の因はただ信心なり」といい切っているのである。行が涅槃、成仏の正因となるという従来のあり方とは根本的に異なり、信心こそが、そしてただ信心だけがその正しい因となるというのだ。

ではなぜ、伝統仏教で単に初門とされた信を、涅槃、成仏の真因であるとまでいうに至ったのか。しかもその信心は如来よりたまわりたる信心であるというのだ。ここには親鸞のきわめて独自な信仰の特徴が隠されていると思えるが、それはどのような信仰観であったのだろうか。

彼は同書、信巻序のはじめに、「それ以《おもん》みれば、信楽《しんぎょう》を獲得《ぎゃくとく》することは、如来選択《にょらいせんじゃく》の願心より発起《ほっき》す、真心《しんしん》を開闡《かいせん》することは、大聖矜哀《だいしょうこうあい》の善巧《ぜんぎょう》より顕彰《けんしょう》せり。しかるに末代の道俗・近世《ごんせ》の宗師、自《じ》性唯心《しょうゆいしん》に沈《しず》みて浄土の真証を貶《へん》す」[78]（傍点筆者）と書きしるしている。その大意は次のようなものだ。

よくよく考えてみれば、信心は阿弥陀如来の願心から発起する（起ってくる）。真実の信心を開かせていただくことは、釈尊が人々を深く哀れんでくださる救いの手だてによるのである。ところが末の世の出家者や在家者、近頃の諸宗の師は、自分の心の中以外には浄土や仏はないという唯心の立場に固執し、浄土の真実の証をそしっている、というのである。

まず前半部について考えれば、伝統的な信とはまったく異なる信心が提起されるが、なぜ親鸞からそのような信心が発想されたのだろうか。

まず注意しておきたい点は、冒頭の「それ以みれば」という表現にこめられた親鸞の態度である。単に崇拝対象として阿弥陀如来や釈尊に向き合っているのではない。苦悩する親鸞「ひとり」に対して阿弥陀如来や釈尊がどのように働きかけようとしてくださっているのか、どのように私を救おうとしてくださっているのか、それを問いこもうとする態度である。どうすれば清浄な信をもち得るかではなく、宿業に縛られたわが身をすべてさらけ出し、如来に顔を向け、語りかけてくれる如来の意志、釈尊の真意を執拗に聴きとろうとしている態度である。

換言すれば、一人称の場から問いかける親鸞に、みずから一人称の「われ」として応答してくれる如来の真意を聴こうとしている態度である。このように仏に対しているのだ。信巻にはこのほか、「謹《つつし》んで……案ずるに[79]」「仏意測《はか》り難《がた》し、しかりといえども竊《ひそ》かにこの心を推するに[80]」などの表現があるが、まずこのような立場に親鸞が立っている点に留意しておきたい。実はこのような立場に立ったことが信心の意味を大きく変え、如来の願心によって信心が生まれるというきわめて独自な発想を生むことになったのである。

次に後半部について考えれば、従来の信はみずからの心の清浄性を確信し、自分の力によって発起し、開発すべきものであった。しかし親鸞は『高僧和讃』に「釈迦弥陀は慈悲の父母《ぶも》　種種に善巧《ぜんぎょう》方便《ほうべん》し　われらが無上の信心を　発起《ほっき》せしめたまいけり[81]」というように、釈迦・弥陀は慈悲の父母となって巧みな方法により私たちに無上の信心を発起させてくださっているというのだ。信心発起の主体がまったく逆転されているのである。この主体の転換をさせているのは、深い悪の自覚、仏への人格的な思い、敬虔な心情の働きにほかならない。

このような思いから、自性清浄心をそのまま信じて疑わず、法然の信を理解しようともしないで一方的に流罪に追いやった人々を批判し、「自性唯心に沈みて浄土の真証を貶す」と非難したのである。わが身の深い自省をおこたり、仏の真の意志に気づかない当時の傲慢な僧たちに対してどうしても批判しておきたかったのであろう。『教行信証』の各巻には序がつけられていないのに、信巻にだけ序をつけたのは、信の重要性を強調すると同時に従来の信を批判し、それとは根本的に違う新たな信を主張しようとする意図もあったのだろう。

さてしかし親鸞の信心はこうして仏の願から生じるという特徴と同時に、さらに仏から「回向」されているものでもある。この面から一歩立ち入って考えてみよう。

信心は回向されるものでもある

親鸞は独特な漢文の読み方をする場合があるが、その読み方の中にじつは独自な信仰が隠されている場合がある。その典型が、信巻における本願成就文の読み方に見られる。

本願成就文とは第十八の本願が成就されたことについての文という意味で、『無量寿経』の「諸有衆生、聞其名号、信心歓喜、乃至一念。至心回向。願生彼国、即得往生、住不退転。唯除五逆 誹謗正法」の文を指すが、親鸞はこの文章を次のように読んでいるのである。「諸有衆生《あらゆるしゅじょう》、その名号を聞きて、信心歓喜《かんぎ》せんこと、乃至《ないし》一念せん。至心に回向せしめたまえり。かの国に生まれんと願ずれば、すなわち往生を得《え》、不退転に住せん。ただ五逆と誹謗正法《ひほうしょうぼう》とをば除く」[82]（傍点筆者）と。

通常の漢文の読み方によれば、たとえば、あらゆる人々がその名号のいわれを聞き、信じ喜び、まさにそのとき名号を称え、その功徳を回向すれば……というように読むことになるはずである。つまりこの「回向」の主体は衆生におかれるべきであるが、親鸞は回向の主体を阿弥陀仏にし、「回向せしめたまえり」と読んでいるのである。あえて一般的な文法を無視してまでこのように読みこんでいくところに、親鸞の信仰の特徴があると考えられるのだ。ではこのように読ませた根拠はどこにあったのだろうか。

信巻に次のような文がある。「しかれば、もしは行・もしは信、一事として阿弥陀如来の清浄願心の回向成就したまうところにあらざることあることなし。因なくして他の因のあるにはあらざるなりと。知るべし」[83]（傍点筆者）。その意味は、念仏を称える行も、本願を信じる信心も、ひとつとして阿弥陀如来の清浄な願心によって回向されないものはなく、それによって成就されないものはない。つまり如来の願心による回向以外に根拠となるものはない、このことをよく知らねばならないというものである。

従来人間がすべきであった行、信、すなわち人間が主体になっていた行も信も、すべて如来の清浄な願心から人間に回向されていると親鸞はいうのである。もはや清浄な心は衆生のほうに要求されてはいないのである。彼の究極の関心は如来の心、願心による回向に集約されているのだ。自性清浄といわれながら、深く自省すればするほど悪心、悪性以外にないと自覚する自分を背負って、親鸞の目は如来の心、如来の意志に向けられていったのだ。誰にとってもの三人称の場に関心はなく、救われがたい親鸞自身を如来がどのように見てくださっているか、どのように働きかけてくださっているかという関心がすべてになっているのである。悪性やめがたく一生悪をつくるわが身を如来がどのように救おうとしてくださっているのか、これを問い求める眼が発想の根底となり、この眼が回向する如来の心を見ぬいたともいえる。

さらに、信巻には次のような文もある。「次に『欲生《よくしよう》』と言うは、すなわちこれ如来、諸有《しよう》の群生《ぐんじよう》を招喚したまうの勅命《ちよくめい》なり。……誠にこれ、大小・凡聖《ぼんしよう》・定散《じようさん》・自力の回向にあらず。かるがゆえに『不回向』と名づくるなり」[84]（傍点筆者）。その大意は、「欲生」とは如来がすべての人々に私の浄土に生まれたいと欲《おも》いなさい、と招き呼んでおられる声である。……まことにこの欲生は大乗や小乗の凡夫や聖者が心を集中させ、あるいは心を動揺させたまま自力で行なう善を自分で回向することとはまったくちがう。浄土に生まれたいと思いなさいと如来のほうから呼びかけてくださっているのだから、こちらからするような回向ではない。だから「不回向」と名づける、というのである。ここに従来とはまったく違った新しい回向の意味と、その回向の上に立った信仰観が見出されるのである。

ついでながら、この「招喚」という表現に注意しておきたい。自性清浄心に立つ人々にとって浄土は自分の心の中にあるものだった。しかし親鸞にとっては自分の心の中に浄土が存在するなど、実感として到底考えられなかった。そのような浄土は仏の世界であり、仏に招き喚ばれ、導き入れられねば至れない世界であった。その世界に如来ご自身が招き喚んでくださっているというのだ。このような親鸞が生きている世界は、如来と如来の願いに包まれた親鸞との二人の人格的な世界である。自分の功徳をふり向ける回向の世界ではなく、常に如来の回向を受け、それに包まれている世界なのである。したがって親鸞からすれば自分の側からする行為のまったくない「不回向」の世界なのである。

では、どうして彼はこのような世界に住み得るようになったのだろうか。

なぜ信心までが回向されるのか

それは親鸞が、阿弥陀仏が仏に成る以前の法蔵菩薩であった頃の姿と独自に出会ったことによる。『一念多念文意』によれば、阿弥陀仏は「一如宝海《いちにょほうかい》よりかたちをあらわして、法蔵菩薩《ほうぞうぼさつ》となのりたまいて、無碍《むげ》のちかいをおこしたまうをたねとして、阿弥陀仏と、なりたまうがゆえに、報身如来《ほうじんにょらい》ともうすなり。……この如来を方便法身《ほうべんほっしん》とはもうすなり。方便ともうすは、かたちをあらわし、御《み》なをしめして衆生にしらしめたまうをもうすなり。すなわち、阿弥陀仏なり[85]」とされる。親鸞は阿弥陀仏の法性法身の身にのみ関心を集約しているのではなく、あえて法蔵菩薩と名のったこと、誓いをおこしたこと、報身の如来になったこと、方便法身となったこと、みずからかたちをあらわし、名を示して人々に知らせようとしたことに深く強く関心を集約しているのである。本来法性法身であったにもかかわらず、わざわざ人々のために人々の前に現われ、人々を信じ、誓いをたて、修行し、救済のための念仏と信心を見出し、大悲心をもってその信心を人々のために回向してくださったと感じたのである。悪人にほかならない私のためにこれほどまでに苦悩し、苦労してくださったと気づいたのだ。

曽我量深は、「あらゆる罪となやみとをにないたもう如来の因位法蔵菩薩を身に親しく感得する。……自分の肉体にひしひしと法蔵菩薩を感覚する。これが宿業の自覚である[86]」と述べている。すでに人間観のところで指摘したように、親鸞は深い宿業感に苦しんでいた。このことが罪と苦悩をになった法蔵菩薩の心に触れ、強く惹かれることになったのである。すなわち絶望的な宿業による悪の自覚が、みずから法蔵菩薩となって罪や苦悩を背負おうとした阿弥陀仏にわが身を委ねさせることになったのだ。

苦しむ人間は苦しみのない完成された存在には惹かれない。病む人間は病んだことのない存在には惹かれないものだ。井上智勇は「仏はかかる悪人を救う為に出でまし、差別即平等一如の立場から、『衆生やむが故に仏病む』として、衆生の苦しみ、なやみ、いたみを自己の苦しみ、なやみ、いたみとされる[87]」と表現しているが、苦しみ悩み傷んだ親鸞は、まさにここにいわば親の心を感じ、救われ、光明を見出したのである。

さらに金子大栄は「それはあたかも子の悪を見て自分の悪と感ぜずにおれぬ親の心のようなもの[88]」、「如来の大悲同感のこころ[89]」というが、ここに親鸞が伝統的な仏教の法性法身の仏を親の心をもち親のほうから大悲同感する仏ととらえ、身を任せるようになったのだと考えられる。このような境地に至れば、信巻の「如来、苦悩の群生海《ぐんじょうかい》を悲憐《ひれん》して、無碍《むげ》広大の浄信をもって諸有海《しょうかい》に回施《えせ》したまえり[90]」、つまり今も如来は苦悩する私たちを憐れんでくださり、功徳に満ちた信心を私たちに施し与えて（回施、回向）くださっているという意味もわかり、信心までもが回向されているという信仰観が理解される。

たまわりたる信心

さて以上阿弥陀仏が親鸞のために本願を立て、信心を回向し、回施したことについて述べてきたが、仏の働きはそこまでかというと、これにとどまらない。

『浄土和讃』（専修寺蔵国宝真蹟本）には、「十方微塵世界の　念仏の衆生をみそなはし　摂取してすてざれば　阿弥陀となづけたてまつる」という和讃の「摂取」の意味として、その左訓に「ひとたびとりてながくすてぬなり　せふはもの、にぐるをおわえとるなり　せふはおさめとる　しゆはむかえとる」[91]とある。この「にぐるをおわえとる」という言葉に注目したい。仏が信心を回向し、与えようとしてもそれを受けとらず、背を向けるのも人間である。しかし仏はそのような人間を悪人とか罪人として断罪したり排除することはしない。仏をあざむき、背き、逃げようとしても放さず、人を信じ続けようとするのが仏であると親鸞は考えているのだ。彼は第十八願中の「唯除五逆誹謗正法」の言葉も、五逆や正法を誹謗するやからを排除する言葉とは考えなかった。その罪を犯さないようにと願って仏がいわれた言葉、それを犯しても救うという言葉であると考えたのだ。仏をそのような存在であると信じようとしたのである。「煩悩にまなこさえられて　摂取の光明みざれども[92]」、常にわが身を照らし続けてくださる存在であった。ただ信心を回向し、与えるだけでなく、それを受け入れないで逃げていく者をも、うしろから抱きとるようにして信じさせようとするのである。それほど仏は人を思いやっているのであり、信心はそれほどに深く強いものだといっているのだ。

このような世界はもはや客観的、哲学的な理性の上に成立するものではなく、まさに主観的、宗教的な心情の上に成立する世界であろう。ひたすら悪の意識を深め、現に罪悪生死の凡夫であることを自覚すればするほど、人を信じようとする弥陀の人格性によって親鸞の全人格が貫かれるという人格的な信仰のあり方が見出されると思う。このあり方は哲学的、あるいは科学的論理性だけでは解明できないものであろう。「人格態の世界は理性の論理であるよりも心情の論理が生命であるからである。心情は本性上絶対に概念態にはなり得ないものである[93]」という見方がある。論理的整合を基準とする世界ではなく、宗教的な慈悲、愛、恵みの世界の論理である。「まさしくぬきがたき宿業につながれた、罪障のわが身を直接の場として体験せられる恩徳であって、総じていえば、仏に背き逃げゆくわが身を、それゆえに『おわへとる』摂取不捨のめぐみにほかならなかったのである[94]」ともいわれる。

これほどに如来に思いやられていると感謝する親鸞においては、信心は「たまわりたる信心」と表現するほかなかったのであろう。これが「如来よりたまわりたる信心」の意味である。したがってもはや如来の前になすべきことは何もない。私を信じ、念仏もうせという如来のはからいを受け入れ、すべて自分のはからいを捨てることこそが如来の前にすべきことになるのだ。『歎異抄』第十条の「念仏には無義をもって義とす[95]」という言葉は、これを的確に示した言葉であろう。

このような親鸞の信心の意味を理解すれば、彼が「涅槃の真因はただ信心をもってす」といい「正定の因はただ信心」といい切った理由はよく了解できると思う。

非人格的な自然法爾の信仰

さて最後に、以上のように検討してきた「たまわりたる信心」という信仰は強い人格的な性格をもっていたが、親鸞においては特に晩年、その人格性を消去し、昇華させた自然法爾の信仰に深化された。この点についてはすでに阿弥陀仏観のところでも触れたので、重複しない程度に触れておきたい。

自然法爾とは、「自然《じねん》というは、自はおのずからという。行者のはからいにあらず、しからしむということばなり。然というはしからしむということば、行者《ぎようじや》のはからいにあらず(96)」といった境地を指した。その意味は、自然の自はおのずからということであり、人間の側のはからいではない、然とはそのようにさせるという言葉であって、やはり人間の側のはからいではないというのである。したがって「信じよう」「信じなければならない」といった人格的な信仰からも離れ、超えた境地である。

言い換えれば、人格的な信仰を徹したとき、人格的な阿弥陀仏の意志により、その信じるはからいからすら離れ、仏のはからいにより仏性が開顕され、仏に成るという人格的世界を超えた非人格の世界に導かれ、帰っていくのである。こうして人格的な世界は非人格的な世界の中に包まれ、人格性と非人格性という重層する二面に見えた阿弥陀仏の働きは完成されていくのである。

最後に問題にしたいのは、このような自然法爾の信仰は信じる意志すら放下する信仰であるため、親鸞も学んだであろう老荘思想、さらには道教の「無為自然」との異同についても問題にされなければならない信仰でもある。そこでこの点に少々触れておきたい。

図３　親鸞の信仰観

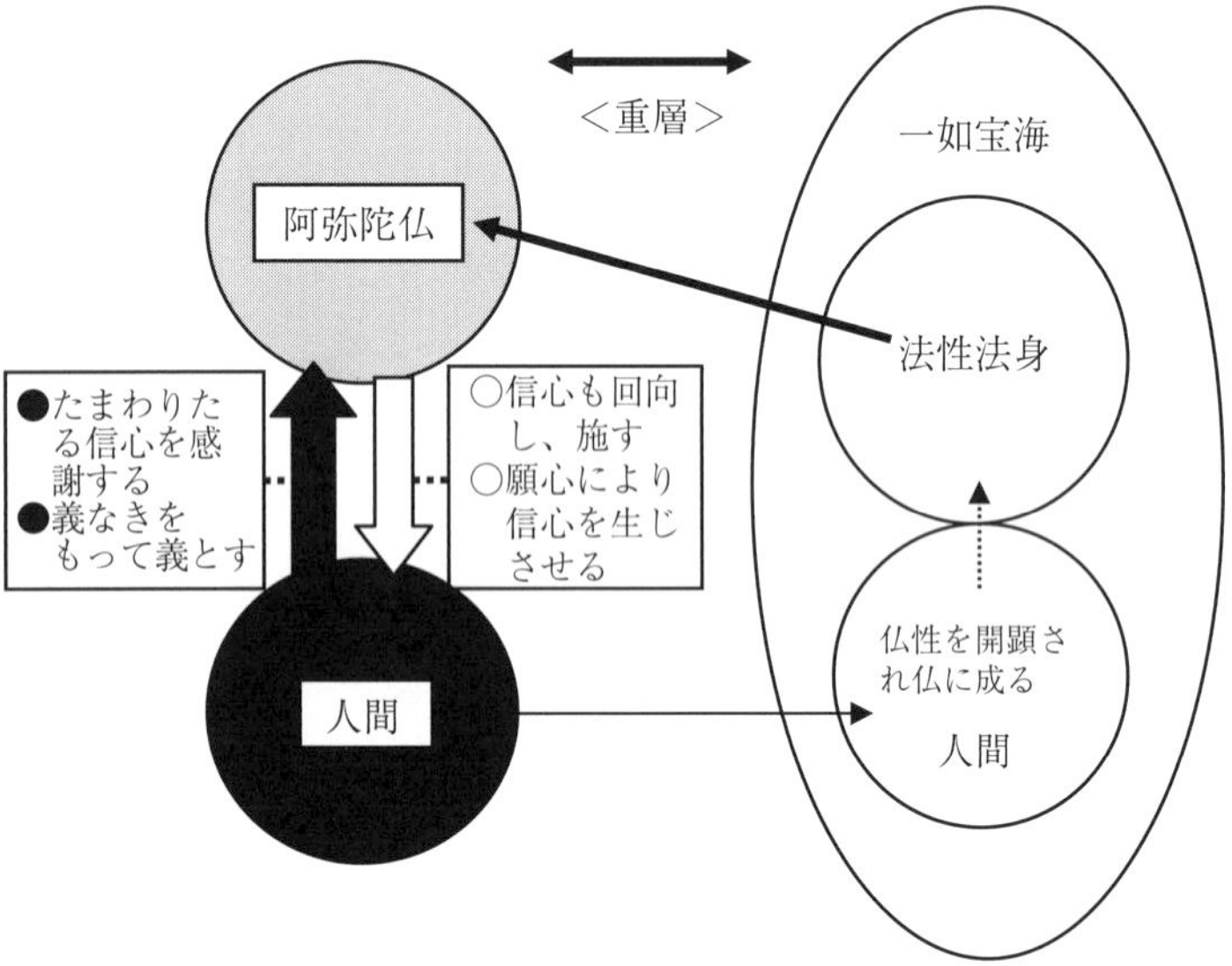

＜重層＞
一如宝海
阿弥陀仏
法性法身
●たまわりたる信心を感謝する
●義なきをもって義とす
○信心も回向し、施す
○願心により信心を生じさせる
仏性を開顕され仏に成る
人間
人間

親鸞の信仰の特徴…信心も仏により回向され、たまわりたる信心であることに気づき、感謝するところに生まれる信仰。

※娑婆世界では仏性を磨くことなどできないが、本来はこれをもっているから、浄土で阿弥陀仏により開顕され仏に成り得る。それゆえ重層しつつも、円内に入り、一如宝海の世界に帰り得る。

老荘思想の原典であると同時に道教の聖典ともなった『老子道徳経』によれば、万物の本体、宇宙の本体は「道」といわれ、現象界はすべて相対的であるが、この道は絶対的な存在であり、その作用は万物を成立させる母のようなものであるという。このため無為自然に生き、「唯道《ただみち》にこれ従う[97]」ことが肝要だといわれる。

たしかに似たようなところはあるが、この「道」は人間を救おうと誓うような存在ではない。「私《わたくし》を少《すくな》くし欲を寡《すくな》くせよ[98]」、つまり私欲を少なくすれば、この道に自然に従うことができるようになるとはいうが、道自身が人を無欲にし、はからいを捨てさせ、救済しようとするものではない。人間みずから進んで無欲になるべく努力しなければならないのである。しかし親鸞の自然法爾においては、一旦《いったん》人格的な信仰体験を経てから至り着く境地であって、私欲を少なくするというはからいすら必要としないのである。はからいは仏のほうでなされているからだ。如来の無限の慈悲が前提になって生まれ出る信仰の境地だからである。この道教との対比は次章で再度触れてみる。

以上親鸞の信仰観についてさまざまな角度から検討してみた。次にこれを世界の諸宗教の信仰観と比較し、世界から見た親鸞の信仰の特徴を明らかにし、位置づけを試みたい。

註

（1） Friedrich Heiler: Das Christentum und die Religionen. Sonderdruck aus: Einheit des Geistes, Jahrbuch der Evangelischen Akademie der Pfalz, 1964, S. 23.

（2） Max Weber: Gesammelte Aufsätze zur Religionssoziologie, II, J. C. B. Mohr, Tübingen, S. 303.

(3) 『教行信証』三五六～七頁。
(4) 同、三九九頁。
(5) 『摧邪輪』巻上（日本思想大系15『鎌倉舊佛教』、岩波書店、一九七八）八一頁。
(6) 『高僧和讃』四九五頁。
(7) 『恵信尼消息』六一九頁。
(8) 同、六一九頁。
(9) 『教行信証』三五六頁。
(10) 『摧邪輪』、前掲註（5）書、六九頁。
(11) 『教行信証』二二五頁。
(12) 『唯信鈔文意』五五四頁。
(13) 『末燈鈔』六〇二頁。
(14) 『一念多念文意』五四三頁。
(15) 『教行信証』一九七頁。
(16) 同、二五九頁。
(17) 同、二六七頁。
(18) 同、三〇八頁。
(19) 『唯信鈔文意』五五五頁。
(20) 同、五五五頁。
(21) 『浄土和讃』四八七頁。
(22) 『唯信鈔文意』五五四頁。
(23) 『末燈鈔』六〇二頁。

(24) 同、六〇二頁。
(25) Karl Barth: Die kirchliche Dogmatik, Erster Band, Zweiter Halbband, Verlag der Evangelischen Buchhandlung Zollikon, 1938, S. 373.
(26) Friedrich Heiler: Ibid., S. 23.
(27) 『歎異抄』六二七頁。
(28) 武内義範『親鸞と現代』（中公新書、一九七四）一五〇頁。
(29) 『歎異抄』六四〇頁。
(30) 同、六四〇〜一頁。
(31) 仁戸田六三郎『信仰の論理』（池田書店、一九五四）八五頁。
(32) 『入出二門偈頌』四六五頁。
(33) 舘熈道「親鸞教学に於ける人間の問題」（『人間の悪と運命——宗教哲学的人間論——』、山喜房佛書林、一九七三）所収、一一頁。
(34) 千輪慧「親鸞における『悪』について」（『武蔵野女子大学紀要』六、一九六六）所収、四四〜五頁。
(35) 『歎異抄』六三四頁。
(36) 『教行信証』四〇〇頁。
(37) 『興福寺奏状』（日本思想大系15、岩波書店、一九七八）三五頁。
(38) 『愚禿鈔』四三六頁。
(39) 『興福寺奏状』、前掲註（37）書、三五頁。
(40) 『教行信証』二七六頁。
(41) 同、三五七頁。

(42)『正像末和讃』五〇〇頁。
(43)同、五〇〇頁。
(44)『教行信証』二一五頁。
(45)『唯信鈔文意』五五二頁。
(46)『高僧和讃』四九〇頁。
(47)同、四九〇頁。
(48)『歎異抄』六三三頁。
(49)同、六三六頁。
(50)同、六二七頁。
(51)『正像末和讃』五〇八頁。
(52)『教行信証』二〇六頁。
(53)戸頃重基『鎌倉仏教』(中公新書、一九六七)一〇七頁。
(54)家永三郎『中世仏教思想史研究』(法藏館、一九四七)二二頁。
(55)『歎異抄』六四〇頁。
(56)同、六四〇頁。
(57)武内義範、前掲、一四四頁。
(58)『歎異抄』六三三頁。
(59)戸頃重基、前掲註(53)書、一〇八頁。
(60)『歎異抄』六三四頁。
(61)『親鸞聖人血脈文集』五九四頁。
(62)千輪慧、前掲註(34)論文、五四頁。

(63)『歎異抄』六二八～九頁。
(64) 同、六三九頁。
(65)『華厳経』大正蔵第九巻、四三三頁。
(66)『大智度論』同、第二五巻、六三頁。
(67) 同、六三頁。
(68) 同、六三頁。
(69) Günter Lanczkowski: Das Heilsziel des Nirvāna in der Lehre des Buddha, Asien missioniert im Abendland, herausgegeben von Kurt Hutten und Siegfried von Kortzfleisch, Kreuz-Verlag, Stuttgart, S. 135.
(70)『倶舎論』大正蔵第二九巻、一九頁。
(71)『成唯識論』同、第三一巻、二九頁。
(72) 同、二九頁。
(73)『華厳経』同、第九巻、四三三頁。
(74) 同、四三三頁。
(75)『大乗起信論』同、第三二巻、五七五頁。
(76)『三昧耶戒序』同、第七八巻、五頁。
(77)『正像末和讃』五〇九頁。
(78)『教行信証』二一〇頁。
(79) 同、二一一頁。
(80) 同、二一五頁。
(81)『高僧和讃』四九六頁。

(82)『教行信証』二一二頁。
(83)同、二一三頁。
(84)同、二三二頁。
(85)『一念多念文意』五四三頁。
(86)曽我量深『歎異抄聴記』(東本願寺出版部、一九七〇)一四六頁。
(87)井上智勇「キリスト教と浄土真宗」(『しんらん全集』第十巻研究篇、普通社、一九五八)所収、一〇三頁。
(88)金子大栄『帰依と行善』(『金子大栄随想集』第一巻、雄渾社、一九七三)九〇頁。
(89)同、九二頁。
(90)『教行信証』二一八頁。
(91)『浄土和讃』(専修寺蔵国宝真蹟本)(『定本親鸞聖人全集』第二巻、法藏館、一九六九)所収、五一頁。
(92)『高僧和讃』四九七～八頁。
(93)仁戸田六三郎「悪人正機に関する私観」(『仁戸田六三郎宗教哲学論集』、早稲田大学出版部、一九八三)所収、一六〇頁。
(94)藤原幸章「真宗の人間観」(『仏教の人間観』、平楽寺書店、一九六八)所収、三〇九頁。
(95)『歎異抄』六三〇頁。
(96)『末燈鈔』六〇二頁。
(97)『老子道徳経』(新釈漢文大系7『老子・荘子上』、明治書院、一九六六)所収、四六頁。
(98)同、四二頁。

第二章　世界の諸宗教の信仰と親鸞の信仰

本章では、かりに一神教系の宗教としてユダヤ教、キリスト教、イスラム教を、ついで多神教系宗教として古代ギリシアの宗教、ヒンドゥー教、道教、神道を取りあげ、それぞれの神観・人間観・信仰観を指摘しつつ概観し、親鸞の信仰との異同について考えてみたい。

第一節　一神教系宗教の信仰

一　ユダヤ教

ユダヤ人の歴史は古代メソポタミアに始まり、羊や山羊を飼い、草原やオアシスをわたり歩く遊牧民で、強い父権的な集団を構成していた。

紀元前二〇〇〇～一五〇〇年頃、彼らはメソポタミアから次第にカナン（パレスチナ）に移動する。遊牧の民アブラハムが、彼の子孫にカナンの地を与えるという神の約束を受けたといわれ、これをアブラハムの契約という。この契約によってカナンは選ばれた民、ユダヤ民族の「約束の地」となったという。

さらに彼らの一支族、ヨセフ族は、遠い北エジプトにまで移住する。紀元前一七〇〇年頃のことであった。彼らはナイル川デルタ東方の牧草地帯に定着し繁栄の道を歩むが、エジプトに第十八王朝が復活すると、異民族として敵視されるようになる。王たちは彼らを強制労働にかりたて、次第に過酷な労働を要求し、迫害がひどくなった。

このとき英雄的な指導者モーセが現われた。彼はユダヤ人たちを導き、エジプトを脱出し、紅海でエジプト軍の追跡から奇跡的に逃れ、シナイ山で神ヤハウェと契約を結んだ。ここにユダヤ人は初めて明確に神ヤハウェを奉ずることとなった。紀元前十三世紀前半のことであったとされる。

モーセを通して与えられた律法は、民族的・宗教的な共同体としての生き方を決定する基本法となる。いわゆる十戒は律法の中心的なものとなった。契約の箱をにない、砂漠を経てこの世紀の末、彼らはカナンの地に入り「約束の地」に定住することになった。

紀元前一〇〇〇年頃、ダビデが王となり、シリア、パレスチナ全域にまたがる大帝国を建設し、エルサレムを都と定めた。ユダヤ民族の黄金時代を築いたのだ。その子ソロモンはシオンの丘に主の神殿を建設するが、この時からエルサレムを最も重要な聖地とする信仰が起こったのである。

しかしソロモン死後の前九二二年、北の王国イスラエルと南の王国ユダに分裂していたユダヤ国家は、前者が七二一年アッシリアに、後者が五八七年新バビロニアに敗れた。エルサレムは神殿もろとも破壊され、指導者たちは三度にわたってバビロニアにつれていかれた。バビロン捕囚である。その後、前一四二〜六三年のわずか百年たらずの間マカベア王朝を築いたが、やがて内紛から自滅、それ以後ローマの属領になる。

最後に紀元後一三二〜一三五年にかけバル・コクバの乱といわれる独立戦争を起こすが、これにも敗退し、彼らはそれ以後離散（ディアスポラ）の民として世界をさまようことになる。

一九四八年のイスラエル建国まで二〇〇〇年近く、自国をもつことができなかった。

神観

モーセを介してシナイ山で神からイスラエルの民に命ぜられた十戒の第一戒は、「わたしは主、あなたの神、あなたをエジプトの国、奴隷の家から導き出した神である。あなたには、わたしをおいてほかに神があってはならない[1]」というものであった。

ユダヤ教の神ヤハウェは天地を創造した唯一神であり、万物を生かし、支え、戒め、歴史を導く強力な存在である。ユダヤ教徒によれば、神は彼らの祖先であるアブラハムに現われ、彼らの民を選び、モーセを通してエジプトから導き出し、シナイ山で契約を結び、律法を与え、平和を生み出すようにと歴史の終わりまで導くただ一人の神である。

また第二戒は、「あなたはいかなる像も造ってはならない。上は天にあり、下は地にあり、また地の下の水の中にある、いかなるものの形も造ってはならない。あなたはそれらに向かってひれ伏したり、それらに仕えたりしてはならない。わたしは主、あなたの神。わたしは熱情の神である」[2]というものであった。

ヤハウェは世界のあらゆるものを超越した絶対者であり、したがって像の形で表現することは偶像崇拝として固く禁じられる。この唯一神観と偶像の否定は、後におこるキリスト教においても踏襲されるが、ユダヤ教徒によれば、ナザレのイエスが唯一絶対の救世主キリストとされたことは許しがたいことであった。本来一人の人間であったのに、神と同等、さらには神にまで高めてしまうような行為は一神教を多神教化することであり、そのイエスを崇拝することは結局偶像崇拝であるというのである。ユダヤ教においてはモーセであっても一人の人間であった。

このためユダヤ教には聖職者もいない。神と信徒だけであり、信徒はすべて平等である。律法に精通したラビといえども、尊敬されてはいるが一般の人間であり、職をもち生活の糧はそれによっているのである。

人間観

ユダヤ教によれば、人間は神のかたちに創造されたのであるから、現在なお進行中である神の創造のわざに参加し、これを完成すべく努力しなければならない。だから人は神がそうであるように恵み深く、他人を憐れみ、正しく行動しなければならないのである。

しかし人間の中には悪の衝動があるので、これを抑え、神の意志を受け入れ、守り、実践する必要がある。一人ひとりが自分の自由意志に基づき、実践しなければならないのだ。ちなみにユダヤ教における罪とは神の意志に反抗することである。だから常に神の意志に従って正しく行為しているかどうかを確認しなければならない。ここに律法の重要性があるのだ。

ユダヤ教の特徴の最大の要素はこの律法（トーラー）にあるが、これは成文化され、旧約聖書の最初の五冊『モーセの五書』となっている。モーセの十戒もこの中にあり、戒律は全部で六一三あるとされる。時代に適応させ現実の生活の中に密着させるため、有力なラビたちが中心となって律法をさまざまに解釈し、膨大な律法の体系を発展させた。これらをまとめたのが『タルムード』といわれ、四～六世紀に編まれた。

この律法を中心にした厳格な宗教生活によって、彼らはユダヤ教徒としての人間であろうとした。またそれによって、流浪の民はユダヤ人としてのアイデンティティを獲得してきたのである。イスラエル民族の子孫のうちで、この律法を忠実に守りぬいた人間たちだけがユダヤ人であり得たのである。そして注目すべき点は、このようなユダヤ的な生き方に参加する者は、どんな民族に属そうとも、どんな国に住んでいようともユダヤ人とみなされた点である。だからユダヤ教は民族宗教であるとされるが、狭義の意味での民族宗教とはいえない面もある。

なお創造を完成させようとする神は、人間各人の死後もその責任を追及し、生前の行為に応じて最後の審判を下す。その結果、罪人は永遠の滅びに落とされ、義人は永遠の生命を与えられると信じられている。そのような存在として人間が考えられているのである。

信仰観

ユダヤ教の信仰の性格を知ろうとするとき、まずはイスラエルの民の祖で「信仰の父」とも呼ばれているアブラハムの信仰を見ておく必要があるだろう。『旧約聖書』「創世記」二二章には次のようにしるされている。

神ヤハウェが、ある日突然アブラハムに向かって次のように命じた。「あなたの息子、あなたの愛する独り子イサクを連れて、モリヤの地に行きなさい。わたしが命じる山の一つに登り、彼を焼き尽くす献げ物としてささげなさい(3)」。羊を祭壇で殺し、焼いて神にささげる儀式を燔祭《はんさい》というが、羊の代わりにイサクをささげよと神が命じているのである。それほどきびしい神でもあるのである。彼は恐怖におののいたが、意を決してこれを実行しようとモリヤの地に行った。

そして、いざイサクの首に切りつけようとしたとき、天から声が聞こえた。「あなたがこの事を行い、自分の独り子である息子すら惜しまなかったので、あなたを豊かに祝福し、あなたの子孫を天の星のように、海辺の砂のように増やそう(4)」と。これほどまでに人間に命じ、服従させ、人間の真意を試し、実行を迫る強烈な人格性をもった神であり、その神を信じ、従いぬこうとする人間の間に成立する宗教なのである。

ならばその神を信じる信仰は非常に熱く、強く、しかも倫理性の強いものとなるはずである。たとえば「申命記」に、「聞け、イスラエルよ。我らの神、主は唯一の主である。あなたは心を尽くし、魂を尽くし、力を尽くして、あなたの神、主を愛しなさい(5)」、「あなたたちの神、主が命じられた戒めと定めと掟をよく守り、主の目にかなう正しいことを行いなさい」[6]と述べられている。神を畏れ、心も魂も力をも尽し神を信じ、愛する、と同時に神から与えられた律法をきびしく守り、どんなことがあっても神の目にかなう者とならねばならない。このとき神と当人との間の契約が守られ、神の深い憐れみを受けるのである。しかしこの契約が守られない場合には、神は怒りに燃える存在となる。

たとえば、人びとが肥沃な土地に住むことができ、ヤハウェとの契約をないがしろにし、自然の生産力を象徴するバアルの神（地の主）を崇拝するようになった時期があった。このとき、神は怒った。「士師記」二章に、「イスラエルの人々は主の目に悪とされることを行い、バアルに仕えるものとなった。彼らは自分たちをエジプトの地から導き出した先祖の神、主を捨て、他の神々、周囲の国の神々に従い、これにひれ伏して、主を怒らせた。彼らは主を捨て、バアルとアシュトレトに仕えたので、主はイスラエルに対して怒りに燃え、彼らを略奪者の手に任せて、略奪されるがままにし、周りの敵の手に売り渡された」[7]としるされている。アシュトレト（アシュタロテ、アシタロテ）とは豊穣の女神であるが、いずれにしてもヤハウェ信仰を捨ててこのような自然物を崇拝対象にすること、さらには多神教に走ることを手きびしく非難し、許さない信仰なのである。

ここに、ひたすらヤハウェのみを畏れ、信じ、忠誠を誓い、その律法を守り、他の神に目を向けないことによって生まれてくるユダヤ教の信仰の性格が見えてくるのである。その内実は熱く、そしてきびしさに満ちたものであるといえる。

図4　ユダヤ教の信仰

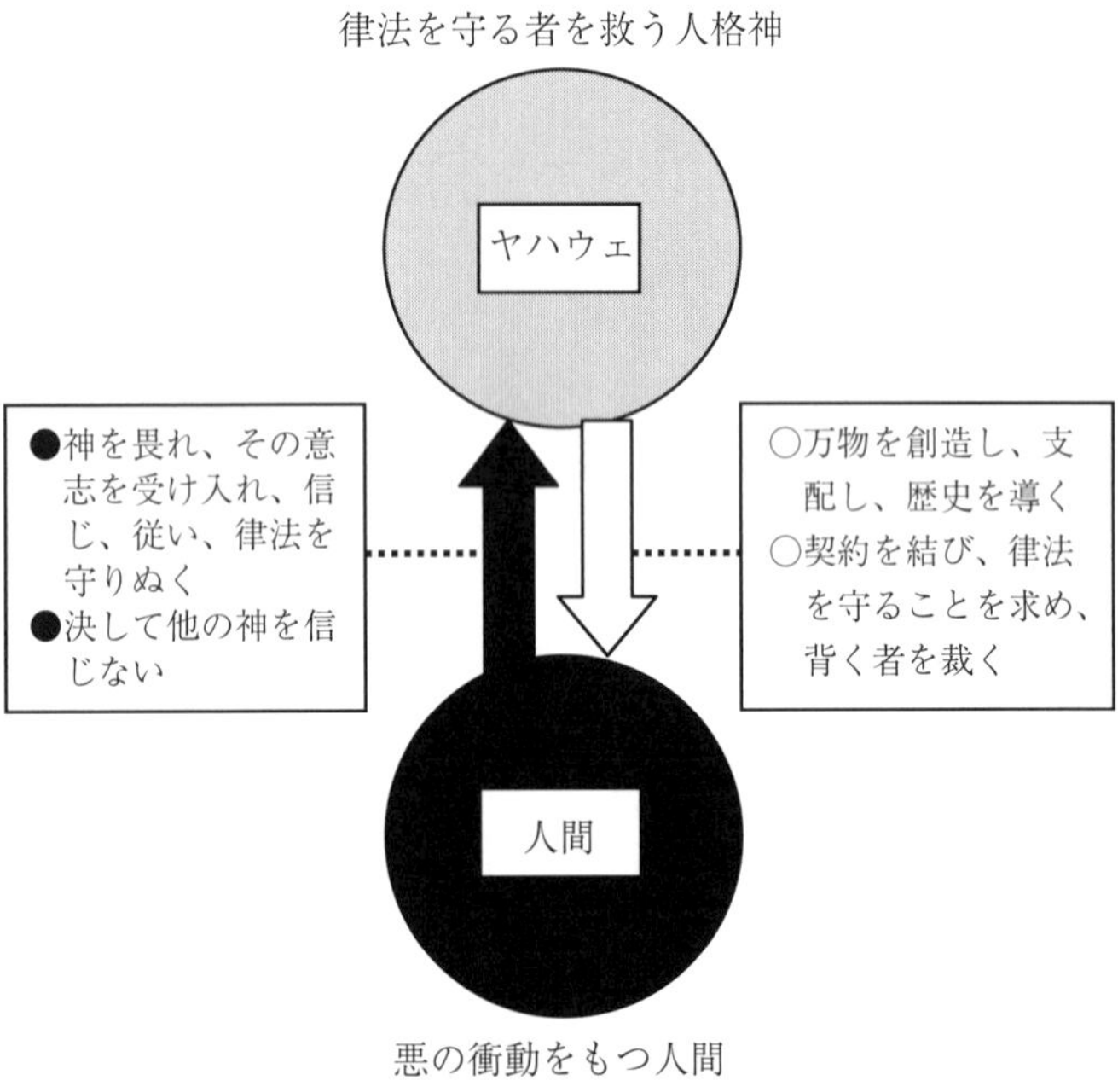
律法を守る者を救う人格神
ヤハウェ
●神を畏れ、その意志を受け入れ、信じ、従い、律法を守りぬく
●決して他の神を信じない
○万物を創造し、支配し、歴史を導く
○契約を結び、律法を守ることを求め、背く者を裁く
人間
悪の衝動をもつ人間

ユダヤ教信仰の特徴…神を畏れ、その意志を受け入れ、心を尽し魂を尽し、信じぬいて契約を守るきわめて人格的な信仰。

※神と人間の間に同質性はなく、断絶しているので連続性は考えられない。このため強力な人格神に従い、救われるほかない。
※ヤハウェを灰色にしたのは、人格性が強いため。

二　キリスト教

キリスト教は、一世紀初頭、自分ではユダヤ教の真意を説いていると信じていたナザレのイエスが、十字架にかけられ刑死したのち、彼が説いた教えに基づき、イエスを救い主キリストと信じることによって生まれた宗教である。

イエスは三十歳頃、自分を神の子であると自覚し、神に仕え、弱い人間を導く決心をしたといわれる。彼の父ヨセフはナザレの町の大工であったが、律法の遵守を唱えるパリサイ派の人々によって律法を守る能力のない者として軽蔑されていた「民衆」（アム・ハー・アレツ）に属していたらしい。このことは、イエスにしいたげられた人々を救おうとする決心をさせた。律法に触れることさえ認められていなかった罪人といわれる遊女や取税人、さらには神の罰を受けているとされたハンセン病の人などに、彼は積極的に伝道した。神に仕えることは、このような見捨てられた人々と苦悩を分かち合うことだと信じていたのである。

たとえば、あるとき律法学者やパリサイ派の人々が一人の女を連れてきた。律法によれば姦淫した女は石で打つべしと定められているが、どうすべきかと問い、彼を試そうとした。すると彼は「『あなたたちの中で罪を犯したことのない者が、まず、この女に石を投げなさい』。……これを聞いた者は、年長者から始まって、一人また一人と、立ち去ってしまい、イエスひとりと、真ん中にいた女が残った。イエスは、身を起こして言われた。……『わたしもあなたを罪に定めない。行きなさい。これからは、もう罪を犯してはならない[8]』」。

彼によれば、神の愛とは罪人こそを救おうとするものであった。自分の罪を悔いる恵まれない罪人こそ神の前に義とされるべきであったのだ。このような信仰によれば、信仰のないユダヤ人よりも信仰のある異邦人の方が神の意志にかなうことになる。ここにやがてユダヤ教の枠を超えてキリスト教がおこる根拠の一つが生まれることになった。

また、たとえば「神の国」について、イエスは独自なとらえ方をした。当時のユダヤでは、地上的なユダヤ国家の再興こそが神の国の実現であると考え、剣をとって戦う者も多かった。そんな彼らに「剣をとるものはみな、剣で滅びる」とイエスは説いた。彼によれば、神の国は人の目に見えるようなものではなく、心の中に現われるものであったのだ。「ファリサイ（パリサイ）派の人々が、神の国はいつ来るのかと尋ねたので、イエスは答えて言われた。『神の国は、見える形では来ない。『ここにある』『あそこにある』と言えるものでもない。実に、神の国はあなたがたの間にあるのだ[9]』」。

こうしてイエスはユダヤ教の真意を説いていると信じていたのであるが、説けば説くほど従来のユダヤ人の信仰とは違うものになっていった。この違いがキリスト教を生むことにもなっていったのである。

このようなイエスの信仰は、はじめのうちは弾圧を受けるが、やがてローマ帝国の国教となった。そして世界各地に広まり、ローマカトリック教会・東方正教会・プロテスタント教会などを生み出すことになった。

神観

キリスト教の神観をアウグスティヌスとルターを通して検討してみたい。

初期キリスト教会最大の思想家アウグスティヌス（三五四～四三〇）は、若い頃さまざまな思想遍歴をした。また若さにまかせて放蕩し母モニカに心配をかけるが、三八六年ついにミラノで回心した。彼を回心させたのはどのような神であったのか。

自著『告白』の中で、彼は神に向かって次のようにいう。「私の母はあなたにまじめに仕える女であって、世の母たちがその肉親のなきがらに涙を流すよりも、なお激しく、私のために、あなたに向って、涙をそそいだ。彼女は、あなたから受けた信仰と霊によって、私が死んでいるのを知っていたからである。そして主よ、あなたは彼女の悲しみに耳を傾けたもうた[10]」。

母モニカはアウグスティヌスの放蕩に悩み、泣いて救いを求めたが、神はこの声に耳を傾けてくれたというのだ。ここで注意したいのは、「あなたから受けた信仰」という表現である。神から信仰を受けるとはどういうことか。

彼はまた次のようにも告白する。「私の信仰が、主よ、あなたを呼び求めるのである。そしてこの信仰はあなたが私に与えたもうたものであり、あなたが、み子の受肉と、あなたを宣べつたえる者の奉仕とによって、私のうちにそそぎこみたもうたものである[11]」。

神を求める彼の信仰は彼自身の信仰ではあるが、もとをただせば神から受け、与えられるものであり、イエスの献身的な奉仕によって彼の中に注ぎこまれたものであるというのである。信仰すら与え注ぐということは、人間の内面までをも支配する強力な神であるということだ。さらに「信仰のないひとびとをも義《ただ》しくして、彼らの死を取り去りたもう(12)」神なのである。

一般的には信仰がなければ義とはされない。しかし信仰をもてない人間までをも義人にするということは、義人しか救わないユダヤ教の神観とは異なる。キリスト教が大教団になった一因といえるであろう。一歩踏みこんで考えてみよう。

放蕩三昧をして帰ってきたときのことを、彼は次のように回想する。「あなたは……やさしい父であったが、彼（アウグスティヌス）が無一文になって帰ってきたときには、もっとやさしい父でありたもうた(13)」。堕落すれば罰するというのが一般の神である。しかし堕落したとき、もっとやさしくしてくださったというのだ。というよりは、すでに放蕩し堕落しつつあるとき、神は彼を心配し、近づき、声をかけ続けてくれていたというのである。「あなたは私が祈願するよりも前に先まわりをされて、しばしば多くの種類の声をもって遠くから、私がきいて改心し、私を呼んだあなたの呼びかけに応ずるように強要したもうた(14)」。

この文には重要な意味がこめられている。それは、人間よりも神ご自身の方が苦労されていたと彼が感じている点である。聞く耳をもたない人間に何度も何度も神は呼びかけてくれていたと気づいたのだ。この気づきによって一気に回心に至ったのである。ここにキリスト教の神観がよくうかがえる。

またプロテスタントの創始者ルター（一四八三～一五四六）は、善行はいらない、信仰のみ（sola

fide）でよいと断言し、次のようにいった。「『信仰』は、ある人々が信仰だと考えているような人間的な妄想や夢ではない[15]」。単なる人間の機能から発するようなものではないというのである。そして「信仰は疑いもなく、あなた（人間）のわざあなたの功績からくるのではない。それは、ただイエス・キリストだけからくるのであり、無代価で約束され、与えられるものである[16]」といった。イエスを通して無償で神から与えられるものであって、人間の行為の代償として与えられるようなものではないというのである。この「与えられる」ということを、もう一歩踏み込んで考えてみると、次のような表現がある。「信仰はわれわれのうちに働きたもう神の御業《みわざ》であり……[17]」。

信仰は単なる人間の行為ではなく神の行為であるというのだ。正しく「信じる」ことは人間にとって容易なことではない。じつはこのことをすでに神は見ぬき、「あらゆる機縁を与えて、ご自身に対する信仰と信頼とを促したもう[18]」というのである。

彼によれば、このような神とは「ご自身だけが幸福であることを望みたまわず、私たちをご自身とともどもに幸福にしようとなされる[19]」神であるというのである。そこで神は人間のために最愛の独り子イエスを与え、人間のすべての罪をこのイエスに背負わせてくださったと彼は感じたのだ。ここに他の宗教とは異なったキリスト教独自な贖罪信仰を通した神観がある。人間への愛のゆえに、独り子を人間に捧げてしまわれた神であるという神観である。罪のないイエスを罪深い人間の中に入らせ、人間の罪を背負わせたというのだ。そのため「キリストは私たちが救われるようにと、人類に対する計りしれぬ愛のゆえに父のふところから私たちの不幸と獄舎のなかに、言いかえれば、私たちの肉と苦悩にみちた生活のなかにまでご自身を低くし、私たちの罪にかかわる罰を引き受けられたのであります[20]」という。

人間観

アウグスティヌスによれば、人は神によって創造されたのだから、常に神の中に憩うのが最も幸福であるはずであるが、実際には神に逆らい、遠く離れ去ってしまうという。すなわち「あなたは、確かに、私たちをあなた自身に向けて創りたもうたので、私たちの心はあなたのなかにいこうまでは、安きを得ない[21]」が、たとえば「私はあなたから、ますます、遠く離れ去り、……姦淫のよろこびに追い廻され[22]」てしまう、というのである。このため彼にとって大切なことは、善い行為や功徳を積むことより、神のもとに帰り、神の中で生まれ変わることなのだ。「御覧ください。心を燃やし、あなたの源泉に向かってあえぎながら帰ってきた。……あなたのなかによみがえるのだ[23]」。

またルターはどこまでも深くきびしく自己を見据えた。その結果、「死によってきよくなるまでは、この生において罪なしではありえない[24]」「このからだが生きているかぎり、罪は全くは止まない[25]」というところにまで至った。このような罪の意識は、中途半端な善行などでは埋め合わすことはできない。ではその罪の根源はどこにあったのか。

それは、とどまることのない自己愛にあった。自省すればするほど「自己のもののみを求める自己愛以外の、何ものも見いだすことはできない[26]」のだ。自己愛に溺れ切った自分しか見出せなかった彼は、修道院時代にはげしい苦悩におちいった。当時の彼は、きびしく裁く神しか知らず、その神は彼を責めぬいた。はげしい不平を言いながら彼は神を嫌悪していた。罪の意識に荒れ狂い、気が狂わんばかりであったといわれる。神こそが悪者であると神を呪うことさえあったという。

しかしこの極限状況にまで自己を内省したことによって、彼は神の愛に気づき、回心に至ったのである。神を憎み、呪うほどに罪深いルターの罪を、そのままイエスに背負わせようとする神の愛に気づいたのだ。じつはルターよりもイエスが苦悩し、さらにそのイエスをつかわした神こそが最も苦悩してくださっていたと気づいたのである。これが彼の回心であり、回心に至らせた彼の人間観であった。いずれにしてもキリスト教の人間観は、きびしい内省から生まれることを特徴とする。

信仰観

最後に、アウグスティヌスとルターに共通するキリスト教の信仰の特徴を三点にしぼって指摘しておく。

第一に、キリスト教の神は、信仰のない人間、神から遠く離れ去り、姦淫の喜びに追い回されているような人間、無一文で帰ってくるような人間、そして死に至るまで罪なくしてはあり得ない人間、自己愛しかもてない人間、神を嫌悪し、呪うような人間、そのような罪人こそを、義人にしよう、そのやさしい父となろう、信仰も与えようとしてくださっている、というのである。つまり神から離れてしまっている自分に気づいたとき、この自分こそを神みずから最も心をかけてくださっていると気づき、心から感謝するその気持ちの中に湧きおこってくるという特徴が考えられる。

第二に、キリスト教信仰の特徴はイエスの存在に深くかかわっている。自分で神に近づくことのできない人間のために、最愛の独り子イエスを犠牲にしてくださった、その辛い苦しみを神ご自身がしてくださったと感じる点である。つまり罪のないイエスを罪深い人間の生の中にまで低めさせ、罪の罰を引き受けさせようとする神の苦悩の姿に気づき、人間へのその愛を思い知らされるとき、深い喜びとともに生まれ出る信仰であるという特徴をもつ。

第三に、キリスト教信仰は、神が人間の内に注ぎこんでくださるものであり、それを受け取り、いただくものであるという性格をもったものである。一歩踏みこんで考えれば、神自身が人間の心の中にまで入り、あらゆる手立てを講じて信じるように促し、みずから信仰を引きおこさせ、保たせようとしている信仰だということである。したがってこのような信仰は単なる人間の行為ではなく、神の力があってはじめて生まれる信仰であるという特徴をもつ。

以上のような特徴をもつキリスト教の信仰は、神と人間の間に強い人格的な絆があってはじめて可能となるものである。ちなみにルターは「信仰という結婚指環」[27]という表現をしているが、ユダヤ教の信仰を神と人間の間の律法を介した契約的な信仰と名づけるとすれば、愛を紐帯《ちゅうたい》とする契約的な信仰と名づけるべきであろう。

図５　キリスト教の信仰

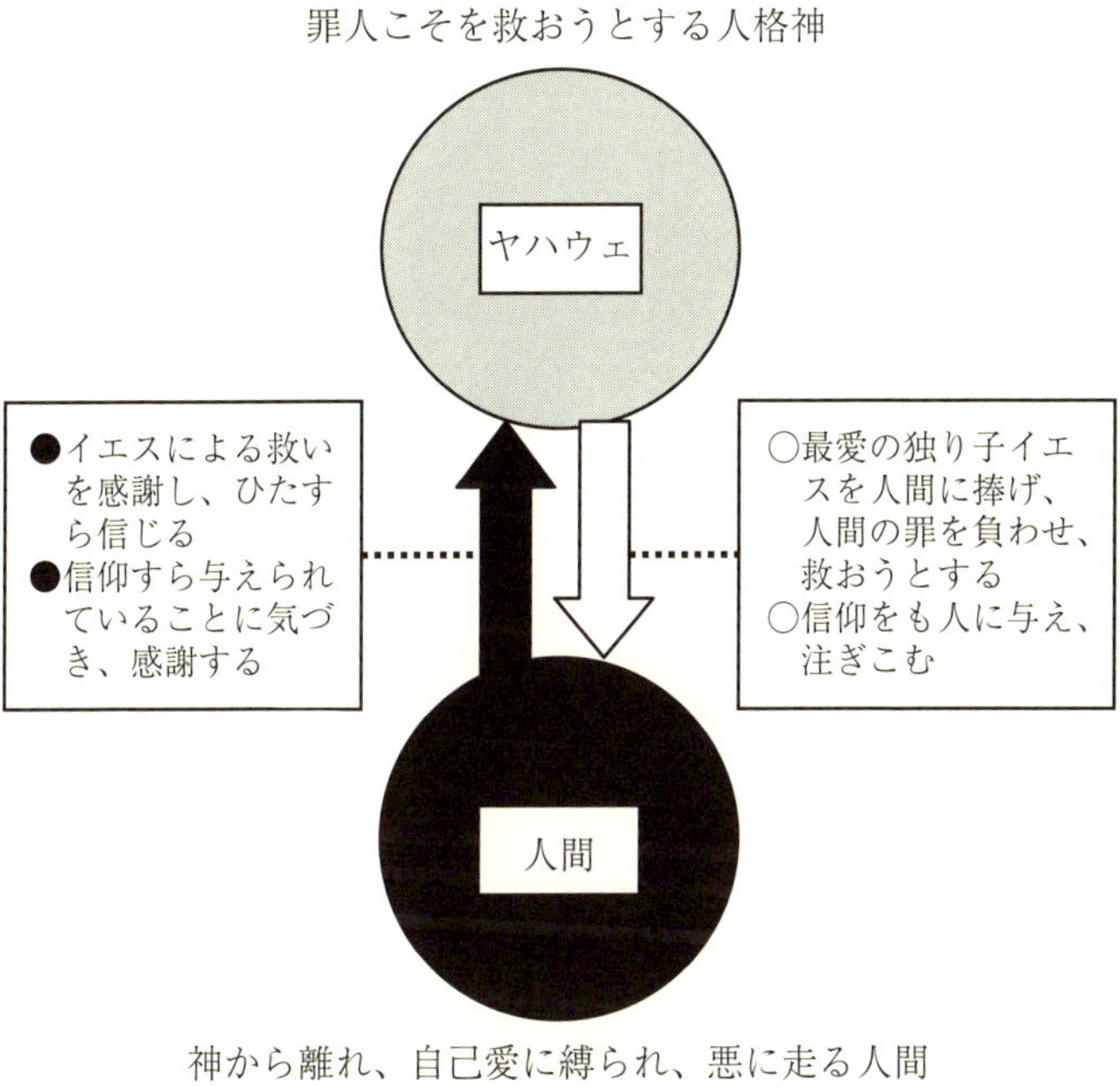
罪人こそを救おうとする人格神
ヤハウェ
●イエスによる救いを感謝し、ひたすら信じる
●信仰すら与えられていることに気づき、感謝する
○最愛の独り子イエスを人間に捧げ、人間の罪を負わせ、救おうとする
○信仰をも人に与え、注ぎこむ
人間
神から離れ、自己愛に縛られ、悪に走る人間

キリスト教信仰の特徴…信仰はイエスを通して神から与えられるもので、それを神のわざであると信じる信仰。

※神と人間の間には同質性がないので、人は独り子イエスをつかわし超自然法によって救おうとする人格神によって救われるほかない。

三　イスラム教

イスラム教の開祖ムハンマド（マホメット）は、五七〇年頃アラビア半島の町メッカのクライシュ族、ハーシム家に生まれたが、幼少のときに孤児となり、叔父によって育てられた。留意しておきたい点は、彼が普通の親から普通の赤子として生まれた点である。キリスト教のイエスのように聖霊によって処女マリアから神の子として生まれたのではない。のちにムハンマドはキリスト教がイエスを神の子としたことを批判している。

やがて成長したムハンマドは隊商に加わり、二十五歳の頃にはメッカの富裕な女性商人のハディージャと結婚。生活が安定するとメッカ郊外のヒラー山の洞窟で、折りにふれ瞑想にふけるようになるが、六一〇年、四十歳のとき突然アッラーの啓示を受けたという。アッラーの「起きて、警告せよ[28]」という命令を聞いたというのである。このとき彼は自分が神の使徒であることを自覚した。その啓示の内容は、堕落した社会に終末が迫っていること、アッラーだけを信じ偶像崇拝をやめること、エゴイズムを捨て弱者、貧者を援助すべきことなどが中心であった。

まず妻のハディージャ、次にいとこや彼の友人たちがアッラーの教えに帰依したが、主として若者たちが中心であった。しかし当時のメッカにはすでにカーバ神殿があり、アラブ人たちの祖先が信じていた神々がまつられ、メッカの有力な部族のクライシュ族がその祭祀権をもっていた。血縁によって結びついた部族にはそれぞれの神がいたのである。このような状況の中でムハンマドは唯一の神アッラーの教えを説こうとしたのだ。部族の現世での繁栄をもたらす神々ではなく、部族を超え終末と来世の救いを強調する唯一神アッラーのみを信じるように説くことは、当然のことながらきびしい対立を生むことになる。クライシュ族の保守的な人々は、はげしく彼を迫害することになった。

六一五年、彼は八十三人の信者を一時アビシニアに避難させる。六一九年には、良き理解者であった妻ハディージャと叔父アブー・ターリブを亡くす。次第に彼はメッカの町で孤立し、迫害はいよいよ激しくなった。

六二二年、とうとう彼らはメッカの北四八〇キロ離れたヤスリブ、のちのメディナに移動することになった。この困難な移住がヒジュラと呼ばれ、この年をイスラム暦の元年とするようになった。この町で彼らはイスラム教国家、つまりウンマの建設を準備することになったのである。移住当時は七十人あまりの信者とその家族だけの集団であったが、彼が没するまでの十一年ほどの間にメディナに住むアラブ人のほぼ全員が信者になった。

ムハンマドはこの間三度、メッカのクライシュ族と戦い、ついに六三〇年これを征服。カーバ神殿のすべての偶像を否定してイスラム教の聖所とし、メッカを聖地とする。クライシュ族の人々はこれを契機にイスラム教徒となった。

やがてアラビア半島のほぼ全域にイスラム教が浸透し、遊牧民たちもムハンマドと盟約を結び、教えを受け入れていった。現世への執着をよしとしなかったムハンマドは、最後まで清貧の生活に徹し、六三二年、最初で最後となったメッカ巡礼をし、メディナに帰ってまもなく亡くなった。彼は、復活したイエスと違い、普通の人間として亡くなったが、それが彼の意志でもあったのである。

彼の死後、後継者としてのカリフが立てられたが、そののち後継者をめぐって対立がおこり、スンナ派とシーア派、その他の派に分裂し、現在に至っている。

分布としてはアラビアから中近東を中心に浸透し、東はインドネシア、西はアフリカの大西洋沿岸諸国にまで浸透、多くの国々で信じられ、現在も信者は増え続けている。

神観

イスラム教の神アッラーは、全能者にして創造者、あらゆるものを統治しすべてを保護する存在、唯一にして永遠なるものであるとされる。

神観の特徴をあらわす例をあげてみると、『コーラン』には、たとえば「神はおまえたちのためにこの宗教を選びたもうたのである」[29]と記述されている。人のために宗教までも選んだというのである。したがってこれを拒否してはならず、神は「わしにたいして背信の態度をとってはならぬ」[30]という。

またこの神は人を試すこともあるという。「少し恐ろしい目にあわせたり、飢えで苦しめたり、また財産、生命、収穫などに損害を与えておまえたちを試してみることがある」[31]。つまり人間のために多くのことをし、同時に強い服従心を要求する神であるといえる。「神とその使徒に服従しない者は、明らかに迷路を歩む者である」[32]といわれるように。

ところでこのような主従関係においては、神と人間を結びつける絆となる「信仰」も、単に人間が一方的にもつ信仰ではなく、神から与えられるものになる。神にすべてを捧げる人間に、神はすべてを与え、宗教、そして信仰さえも与えるというのである。ほかの神々と同時に信じるなどということは許されない。そのような者を指して「おまえたちの一部の者は主に邪神を併置し、われらが与えた信仰にそむく[33]」と神は激しく怒る。

さらにそのような者は、怒られるだけではなく「神の呪いを受け[34]」るとまでいう。それほど強烈な神なのである。この神を信じるか・信じないか、答えは一つであり、背信の報いは過酷である。「信仰を拒み、無信仰のままで死ぬ者は、彼らの上に神と天使とすべての人々の呪いがふりかかる[35]」。

このような面ばかりを見ると、どこか恐ろしい神のようにもみえるが、その裏には温かな面もあるのである。「畏《おそ》れかしこむ者を愛し[36]」「よく罪を赦す者、慈悲ぶかい者[37]」であり、「約束を違《たが》えたもうことはない[38]」といわれる側面である。だからこそ、神を畏れながらも心を寄せ、感謝する心がおこり、信仰心が引きおこされるのである。

イスラム学者井筒俊彦はイスラム教の歴史の中で「感謝というコトバが信仰というコトバと同義的に使われるようになってきます。……感謝、しみじみ有難いと感じる心。これが信仰概念の中心的構成要素になります[39]」と指摘している。『コーラン』の中には、「汝、神を崇拝するがよい。よく感謝する者となれ[40]」としるされている。

と同時に私が指摘したいのは、神自身も人間に感謝するという点である。『コーラン』には「すすんで善を行なう者があれば、神は十分感謝し、かつそれを知りたもうお方である[41]」と述べられている。

要するに人間に対して限りないきびしさと同時に限りないやさしさをもった存在だということができるだろう。では人間観はどうか。

人間観

『コーラン』によれば「人の心は常に悪にかたむくもの(42)」であるとされる。神に創造されたにもかかわらず悪にかたむき、さまざまな欲望に駆られて現世の快楽だけを追うのが人間であり、人間の弱さだというのである。「積みあげられた金銀の山、名馬、家畜、それに田畑。こういうもろもろの欲望の追求こそ、人々の目には美しいことのように見える。しかし、このようなものは現世の快楽にすぎない(43)」。

欲望に駆られる人間に、それでも神は恩寵を与え続けるが、人間はそれに気づかず感謝の念がもてない。「おまえたちが求めるものはすべて授けたもう。……まことに人間というものは無法にして感謝の念なき者どもである(44)」。さらには神によって案じられ、導かれているにもかかわらず、「人間は思いあがり、みずから足れりとうぬぼれる(45)」。

このような人間に対し神はきびしく叱責する。「禍あれ、人間。なんたる忘恩の徒よ(46)」と。砂漠のようなきびしい自然の中で生きぬくためには、じつはこのきびしさも神の愛なのである。信仰の特徴を見れば、このことがよくわかる。

信仰観

三点に限って特徴を指摘してみる。

第一に、『コーラン』には「神を畏れ、信じて諸善を行ない、またそのうえにも神を畏れて信仰をふかめ、さらにそのうえに神を畏れて善行にはげむ(47)」と述べられているように、徹底的に神を畏れるところに生まれるのがイスラム教信仰の特徴である。その畏れが信仰を生み、強めるのだ。徹底して神を畏れ、善く生きようとする姿勢の中に生まれる信仰が中心的な特徴といえるだろう。

第二に、徹底して神を畏れれば、徹底して服従するほかない。人間に近い神道の神々や人間が成った仏教の仏とはまったく異なる神アッラーには、ただ服従するしかない。服従し尽くし、慎み深く生きることが過酷な砂漠で生き残る術でもあるのだろう。「神とその使徒に服従し、神を畏れ、慎みかしこむ人々こそ勝利者である(48)」。こうして欲望と戦い、うぬぼれに気づき、忘恩の徒であることを反省し、ひたむきに服従する姿勢の中に生まれてくるものであることも重要な特徴である。

第三に、イスラム教信仰の特徴をキリスト教信仰のそれと比較して考えるとき、「原罪」と信仰の関係が重要なポイントになる。

キリスト教においては、アダムが神命に背き犯した原罪は子孫にまでも及ぶとされているが、『コーラン』には次のように述べられている。「その後、アダムは主よりみことばを賜わり、主もまた彼の悔い改めを容《い》れたもうた。まことに主は慈悲ぶかく、悔い改めに寛容なお方である(49)」。つまり楽園追放以前にアダムと神は和解し、アダムの罪が子孫にまで及ぶことはなくなったというのだ。このため

図6　イスラム教の信仰

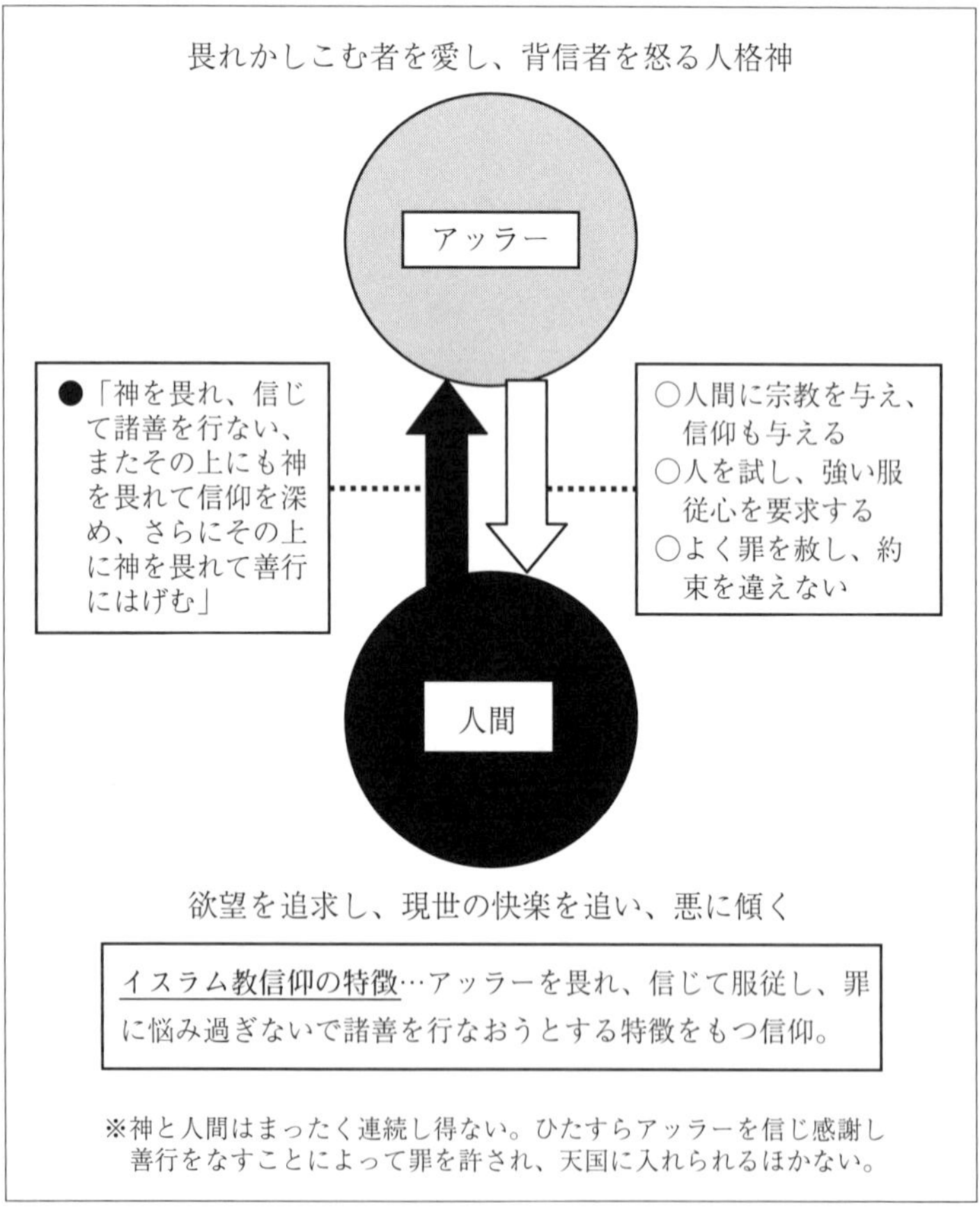
畏れかしこむ者を愛し、背信者を怒る人格神
アッラー
●「神を畏れ、信じて諸善を行ない、またその上にも神を畏れて信仰を深め、さらにその上に神を畏れて善行にはげむ」
○人間に宗教を与え、信仰も与える
○人を試し、強い服従心を要求する
○よく罪を赦し、約束を違えない
人間
欲望を追求し、現世の快楽を追い、悪に傾く
イスラム教信仰の特徴…アッラーを畏れ、信じて服従し、罪に悩み過ぎないで諸善を行なおうとする特徴をもつ信仰。
※神と人間はまったく連続し得ない。ひたすらアッラーを信じ感謝し善行をなすことによって罪を許され、天国に入れられるほかない。

罪の問題はキリスト教ほど深刻にはならず、罪に悩むことより善行をなすことが大切になった。「すすんで善を行なう者があれば、神は十分感謝(50)」なさるというのである。したがって神の前において罪に悩みすぎず、すすんで善行をなせば、神はそれを喜ばれ、人に感謝までしてくださると思う心の中に生まれる信仰である、という特徴をもっている。

註

(1)『旧約聖書』(新共同訳、日本聖書協会、二〇〇〇)「申命記」五・六～七。
(2)同、五・八～九。
(3)同、「創世記」二二・二。
(4)同、二二・一六～一七。
(5)同、「申命記」六・四～五。
(6)同、六・一七～一八。
(7)同、「士師記」二・一一～一四。
(8)『新約聖書』(新共同訳、日本聖書協会、二〇〇〇)「ヨハネによる福音書」八・七～一一。
(9)同、「ルカによる福音書」一七・二〇～二一。
(10)今泉三良・村治能就訳『告白』(世界の大思想3『告白・キリスト者の自由』、河出書房、一九六六)所収、八四頁。
(11)同、三一頁。
(12)同、二八九頁。
(13)同、五二頁。

(14) 同、三四六頁。
(15) 『聖パウロのローマ人にあたえた手紙への序言』(石原謙訳『キリスト者の自由・聖書への序言』、岩波文庫、一九五五) 所収、七四頁。
(16) 『善きわざについて』(『ルター著作集』第一集2、聖文舎、一九六三) 三三一頁。
(17) 『聖パウロのローマ人にあたえた手紙への序言』、前掲註 (15) 書、七四頁。
(18) 『善きわざについて』、前掲註 (16) 書、四七頁。
(19) 同、五二頁。
(20) 『労し、重荷を負う人々のための慰めに関する十四章』(『ルター著作集』第一集3) 四二頁。
(21) 『告白』、前掲註 (10) 書、三一頁。
(22) 同、五六頁。
(23) 同、三三三頁。
(24) 『洗礼という聖なる尊いサクラメントについての説教』(『ルター著作集』第一集1) 六一九頁。
(25) 同、六一三頁。
(26) 『十戒の要解、使徒信条の要解、主の祈りの要解』、前掲註 (16) 書、四四七頁。
(27) 『キリスト者の自由』(石原謙訳『キリスト者の自由・聖書への序言』) 所収、二一頁。
(28) 『コーラン』(藤本勝次編、世界の名著17、中央公論社、一九七九) 所収、七四・一。
(29) 同、二・一三二。
(30) 同、二・一五二。
(31) 同、二・一五五。
(32) 同、三三・三六。
(33) 同、一六・五四〜五五。

(34) 同、二・一五九。
(35) 同、二・一六一。
(36) 同、九・七。
(37) 同、二・一六〇。
(38) 同、三・九。
(39) 井筒俊彦『コーランを読む』(岩波書店、一九八三) 一七五頁。
(40) 『コーラン』、前掲註 (28) 書、三九・六六。
(41) 同、二・一五八。
(42) 同、一二・五三。
(43) 同、三・一四。
(44) 同、一四・三四。
(45) 同、九六・六〜七。
(46) 同、八〇・一七。
(47) 同、五・九三。
(48) 同、二四・五二。
(49) 同、二・三七。
(50) 同、二・一五八。

第二節　多神教系宗教の信仰

一　古代ギリシアの宗教

古代ギリシア人は多くの宗教的な神話を生み出した。なかでも、天空を支配し政治や道徳といった人間生活をも支配したゼウス神話は、その代表的なものであり、さまざまな神話の中心的なものになってきた。紀元前九世紀に吟遊詩人ホメロスが登場するに至って、ゼウスを中心に神々が系統づけられ、諸神話が整理、統合されるようになった。

これによってオリンポス山に住む十二神を主にする国家的な宗教が成立した。ちなみに十二神とは、最高神ゼウス、ゼウスの妻で女神の主神であって結婚をつかさどるヘラ、海の支配者で泉と地震の神であるポセイドン、穀物・豊穣・農業の女神デメテル、かまどと家庭生活の守護神ヘスティア、知恵と戦いの女神アテナ、凶暴で思慮に欠けるが戦いの神であるアレス、火と鍛冶の神へパイストス、へパイストスの妻で恋愛・美・豊饒の女神アフロディテ、音楽・詩歌・弓術・予言・医術・家畜の神アポロン（アポロン神殿のあったデルフォイでの神託は古代ギリシア人の行動の重要な指針となったとされる）、狩猟・月の女神・さらには誕生や多産の守護神アルテミス、富・幸運・使者・道しるべの神で霊魂を冥界に導く役割をもったヘルメスの十二神であった。やがて神殿や祭司、祭儀などが整えられ、神占・卜占によって人事なども決められるようになった。

このほかにも多くの神々が崇拝されたが、その特徴は人間との区別が明確ではなく、擬人的であり現世的であって、いわゆる経典に相当するものもない。したがってわれわれは神話の中にその宗教性を嗅ぎ取っていくほかかないのである。

もっとも紀元前六世紀になると、トラキアの詩人オルフェウスの名前にちなんだ浄めの密儀宗教オルフェウス教が広まり、教義による宗教もおこることになったが、のちにキリスト教の普及により地方的な信仰にとどまることになった。

このように一口に古代ギリシアの宗教といっても、複雑な内容と歴史をもっているため、ここではかりにホメロスの作といわれ、オデュッセウスの漂泊や彼の不在中に妃のペネロペに求婚した男たちへの報復を描いた長編叙事詩『オデュッセイア』を取り上げ、この作品に見られる宗教的な特徴に触れ、古代ギリシア宗教の一面を見てみたい。

この作品が『旧約聖書』『新約聖書』『コーラン』などの一神教の聖典と決定的に違う点は、神の考え方である。たとえば、神に捧げものをすると、人間は「神々より英知を授か(1)」るというが、この英知は人間だけでなく神々にも与えられるという。女神アテナは最高神ゼウスに次のようにいっている。「お心のうちなるお考えをお教えくださいませ。さらに禍いなる戦いと恐ろしいどよめきを惹き起こされるお考えか、それとも両方に和解をお授けなさいますか(2)」。神が神に教えてもらおうとしているのである。このような神々は、一神教の神とはまったく違う。超越的な神ではなく、自然的で人間的な神であるともいえよう。

このため神に逆らったりすれば、人間が裏切り者に仕打ちするように、神もまた人間を破滅させようとするのだ。「ゼウスがわれらに破滅の禍いを用意しつつあったのだ。……だが、わしは、神の悪意を知っていたから、従う舳艫《じくろ》を並べた艦隊と共に遁れた(3)」。

神の意志に従わなければ仕打ちを受け、徹底的に破滅させられ、悪意さえもたれるというのである。一見一神教における神の試みに似ているようにも見えるが、これは神の愛や慈悲によるものではない。あくまで神の悪意なのである。人間が抱く悪意と基本的に変わらない。ギリシアの神は人間のように善意も悪意も共にもつ存在なのだ。ということは、ギリシア人の宗教の歴史はギリシア人の歴史でもあると考えられるのではないか。神と人間の上下関係は、究極においては人間の上下関係が投影された面が濃厚だと思える。このように考えるとおのずからギリシアの宗教の特徴が見えてくるように思われるが、この点を確認しておき、このような角度から古代ギリシア宗教の信仰観について検討してみたい。

神観

まず注目すべきは、古代ギリシアの神々は人間が成り得る存在であるという点である。たとえば、ゼウスとの間にディオニュソスを生んだテバイの王女セメレの死後、そのディオニュソスを育て、ゼウスの妻ヘラの嫉妬にあい発狂してしまったが、のちに海の神に成ったイーノー・レウコテエーという女神について次のように描かれている。「この女神は以前は人間の言葉を話す乙女であったが、今は海原で神々の仲間入りを許されている」[4]。人間は神に成り得ないという一神教とは根本的に違う発想に立っているのだ。

また神々は人間の前に姿を現わす。トロイア出征から帰ってこない父オデュッセウスを母と待つ間、横暴をきわめた母ペネロペへの求婚者たちを二十年ぶりに帰った父とともに倒したことで知られるテレマコスが、父に「広いみ空にお住まいの誰か神様がこの家においでになるに相違ありません」[5]と語った言葉がある。このような言葉には、偶像崇拝を禁止したり、神と人、神の国と地上の国を厳格に区別する一神教的な発想はない。

さらに神々には、支配力などの点で優劣があると考えられている。たとえばゼウスの子ヘルメスが、女神カリュプソに次のように語るところがある。「ここに来たのはわたしの意志ではなく、ゼウスの命令です。誰が自分でこんなに遠い海の道を飛んで来るものか。……だが、アイギスの君ゼウスのみ心にそむき、遁れることはほかの神々の誰にもできないことなのだ」[6]。ゼウスの心にそむくことはできないから、いやいや来たというのである。優劣の発想がその基盤にある。

さらに神々の能力には限界もある。全知全能ではないのだ。たとえば火と鍛冶の神へパイストスが、寝台を「やぶくことも解くこともできぬ網を打って造った」が、「それは蜘蛛の糸のように細いので、人間はおろか、幸多い神々にも誰にも見えなかった」[7]。すべてを見通す一神教の神ではない。人間より能力があるとしても、無限の能力をもっているわけではないのだ。神といえども人間を超越した存在ではなく、人間の延長線上に位置づけられる存在であるといえよう。

またギリシアの神々は、一般の人間のように行動する。たとえば、先にあげた女神カリュプソは男性神に対して「まあ、なんという情知らずの、誰よりも嫉妬深い方々ですこと、男神様方[8]」というし、オデュッセウスの貞淑な妻であったペネロペは「神様方はわたくしたち二人が一緒に住んで青春をたのしみ、老年の境に達するのをねたんでお許しになりませんでした[9]」といっている。神々は一般の人間のように嫉妬もするのである。ゼウスの兄で海神であり大地の神でもあったポセイドンは、息子の目を見えなくされたことを怒り、恨み、次のようにいう。「オデュッセウスよ、……怒り、恨みに思っている大地をゆるがす神の目をおまえはのがれることはできまい[10]」。怒りにまかせて害を与えることもあるのだ。

以上からわかるように、ギリシアの神々は基本的には人間と同じように考え、行動する存在として発想されていたといえよう。

人間観

次に人間観を見てみたいが、たとえば人間の姿について、次のように表現されている。

女神アテナがオデュッセウスの頭と肩に美を注ぎかけると、「かれは風呂から不死の神のような姿で出て来[11]」たという。人間と神の姿は基本的には共通しているのである。だがまったく同じかというと、女神カリュプソが「人間の女がその姿の美しさで不死の女神と競うのは、とんでもないこと[12]」と語っているように、やはり神の方がすぐれているというのである。

また能力の側面から見てみると、人間は能力を磨けば神に成り得るはずであるが、実際は「おまえは賢い人だけれど、それでも永遠《とこしなえ》におわす神様方のみ心を探ることはむつかしい[13]」といわれる。神の助けが必要となるというのだ。「人間には神々がなくてはかないません[14]」。結局は「この地上で息をし動くかぎりのすべてのものの中で、人間くらいもろいものはない。……神々の与え給うものを黙ってうけねばならない[15]」というのである。

ならば、このような神観と人間観に立った場合、どのような信仰が生まれるのだろうか。

信仰観

一人の長老が次のように国王に話すところがある。「あなたは、尊ぶべき嘆願者の味方なる雷霆《いかずち》をめずるゼウスに酒を注いで供えるべく、従者たちに新たに酒をまぜるよう命ぜられるがよい[16]」。

これによれば、ゼウスは嘆願者の味方であるというのだ。神を尊び、酒を供えれば嘆願に応じてくれるというのである。供え物をして正直に嘆願すれば、神はこれをかなえてくださると信じる、その気持ちの中に生まれてくる信仰であるということが、古代ギリシア宗教の信仰の特徴としてまず指摘できる。

また神々は、嘆願者の望みに応じるだけでなく、さらに返礼まで与えてくれるという。たとえばアテナは、ゼウスの兄ポセイドンに次のように祈る。「まずネストールとその子らに誉れを授け、ついでこの見事な百頭牛犠牲祭《ヘカトンベー》をめでて、そのほかのすべてのピュロス人《びと》に恵みにみちた返礼を与え給え[17]」。このように心をこめて祈り犠牲を捧げれば、神は必ず現実的な返礼を与えてくださると信じる気持ちの中に生まれる信仰である、という特徴も考えられる。

ところが注目すべきは、祈っても聞き届けられない場合もあるという点である。オデュッセウスがゼウスの子アテナに向かって次のように祈るところがある。「お聞きください、アイギスの君ゼウスのお子、無敵の君よ、誉れ高い地震《ない》の君がわたくしを打ちひしいだ時、海原で難破しているわたくしに耳をかしてはくださいませんでしたが、こたびはお聞きとどけくださいませ[18]」と。全能で絶対的な愛をもつ一神教の神なら、いついかなる場合でも耳を傾け聞き届けてくれるはずである。だがギリシアの人間的な神々には耳をかさない場合もあるというのだ。このように嘆願すれば聞き入れられる場合もあるがそうでない場合もあると自覚し、聞き入れていただけるように神を畏れ、信じる態度の中に生まれる信仰でもあるといえる。

さて、このように考えてくると、古代ギリシアの宗教は非常に人間的であり、神と人間がまったく異質であるというのではなく同質性が考えられ、何らかのつながりと連続性があると考えられるのである。したがって信仰も強烈な人格性の上に立つというより自然な、むしろ非人格性の上に立っていると考えるほうが妥当であるように思える。これらの点を他の多神教においても確認してみたい。

図7　古代ギリシアの宗教の信仰

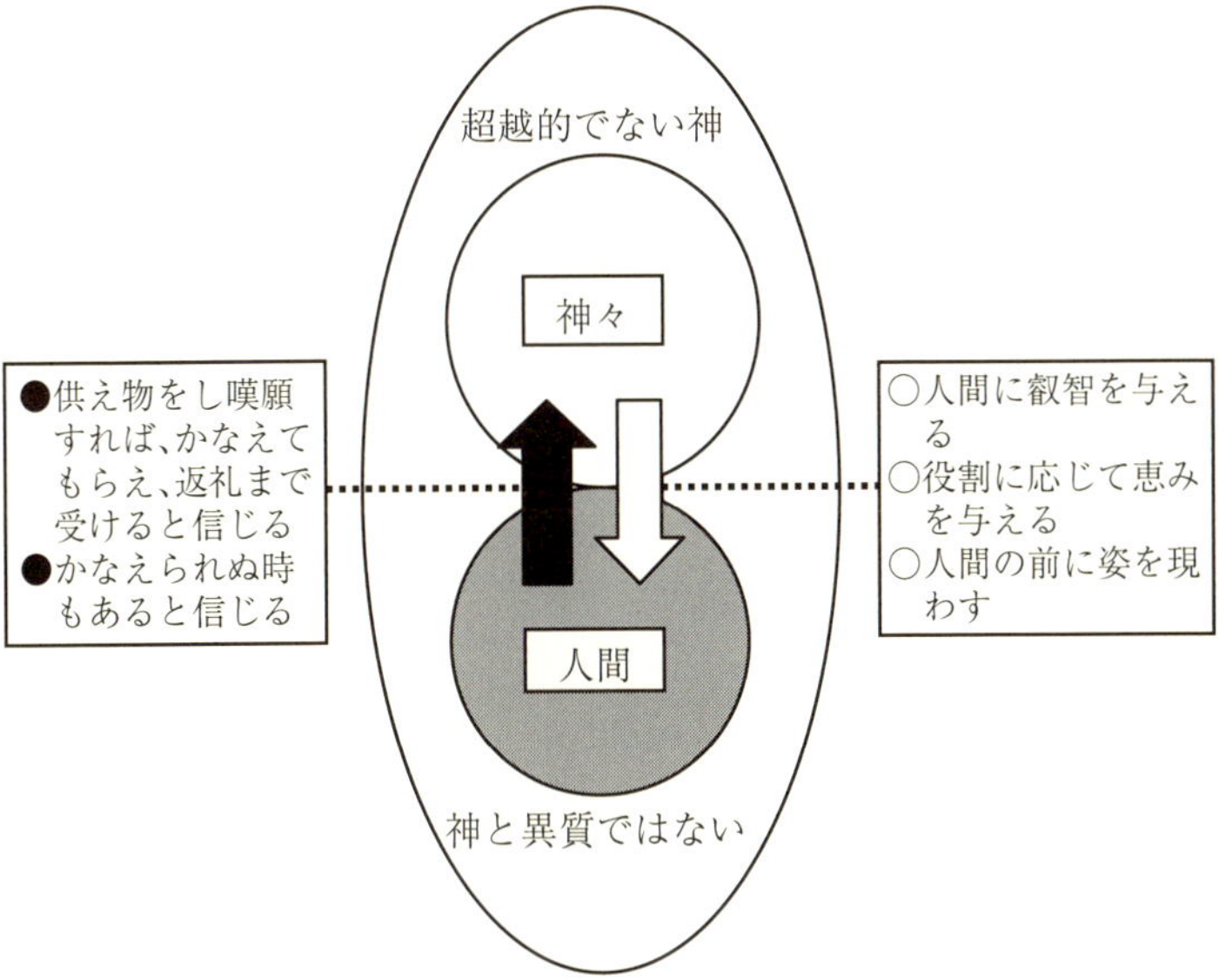

超越的でない神
神々
人間
神と異質ではない
●供え物をし嘆願すれば、かなえてもらえ、返礼まで受けると信じる
●かなえられぬ時もあると信じる
○人間に叡智を与える
○役割に応じて恵みを与える
○人間の前に姿を現わす

<u>古代ギリシアの宗教の信仰の特徴</u>…人間に近く人間と連続する神々に、正直に嘆願すればかなえられると信じる信仰。

※神々の円と人間の円が接しているのは、神々と人間が同質性の上に立ち連続性があるから。両円が一つの円内にあるのは、神々と人間がほぼ同質的で同様な世界に存在していると思えるからである。
※神々を白色にしたのは、人格性が強くないため。
※人間の色を灰色にしたのは、一神教ほど人間を悪と見なさないため。

二　ヒンドゥー教

インダス文明が終わりを告げる紀元前一五〇〇年頃、アーリア人がインドに移り住み、彼らに伝えられてきた宗教をこの地でバラモン教として発展、展開させることになった。

前五〇〇年頃までには、ヴェーダと呼ばれるバラモン教の四種の根本聖典『リグ・ヴェーダ』『サーマ・ヴェーダ』『ヤジュル・ヴェーダ』『アタルバ・ヴェーダ』が著された。ヴェーダとは「吠陀」「韋陀」とも書き、知識のことで、詩人たちがみずから感得した神の啓示を詩的に著したものである。この四種の聖典は、それぞれ賛歌・祭詞・呪文などを集めたサンヒター、祭式の説明であるブラーフマナ、秘密の教義のアーラニヤカ、神秘思想を展開するウパニシャッドから成っている。

バラモン教では雷神インドラ、火神アグニ、律法の神ヴァルナ、契約の神ミトラなどが崇拝された。思想的には、宇宙の根本原理ブラフマン（梵）と個人存在の本体アートマン（我）は本来同一であると説く梵我一如の説、カルマ（業）、サンサーラ（輪廻）、モクシャ（解脱）などの説が中心になり、のちのインドの宗教に強い影響を与えることになった。

しかし前六～四世紀ごろになると、反バラモン的な思想家たちが登場し、仏教やジャイナ教のような新しい宗教が生まれたが、特に仏教は前二世紀から紀元後三世紀にはインド宗教の主流となるまでに発展した。その間、バラモン教は非アーリア系のインド土着の民間信仰や習俗を取りこみ、大きく変わっていった。これが一般にヒンドゥー教といわれる宗教である。

したがってヒンドゥー教にはバラモン教から受け継いだものが多いが、さらに後二世紀末にほぼ原形が確定されただろうといわれる大叙事詩『ラーマーヤナ』、後四世紀末頃に現在の形となった同じく大叙事詩の『マハーバーラタ』が聖典として加えられた。のちほど引用する『バガヴァッド・ギーター』は、この『マハーバーラタ』の一部である。また『マヌ法典』などもこれに加えられた。

崇拝される神々も変化し、インドラやヴァルナから太陽の光を神格化したヴィシュヌ、破壊と創造の神シヴァなどが中心的な位置を占めることになり、やがてヴィシュヌ派とシヴァ派という二大宗派が成立することになった。

強力な神の観念が生じるとともに、神への強い帰依を強調するバクティ思想が台頭する。元来は解脱のために現世を放棄するという傾向が強かったが、神への熱いバクティ（信愛）が重要視されるようになったのである。このバクティという信仰形態については後述したい。

また同じ頃、神と合一するために師からイニシエーションを受け、修行に励むタントリズムが生まれることになった。このバクティと神との合一への希求がヒンドゥー教の顕著な特徴となった。

その後イスラム教、キリスト教がインドに入り、ヒンドゥー教も一時衰退することになったが、十九世紀には、後述するヴィヴェーカーナンダ（一八六三〜一九〇二）らを中心に復興運動がおこり、再び盛んになった。

現在ではインド人の八〇パーセントがヒンドゥー教徒、ネパールでは国教となり、インドネシアのバリ島、スリランカなどにも信者がいる。

神観

まずヒンドゥー教の神観に触れたいが、この宗教の内容は非常に複雑なので、ここではヒンドゥー教徒が最上の聖典とする『バガヴァッド・ギーター』を取りあげてみる。

この書で、肉親同士が殺し合う戦いをためらったアルジュナに、御者のクリシュナすなわち三界を支配する最高神で宇宙を維持し世界を救うために魚・亀・仏陀など十種の姿をとって現われるヴィシュヌの権化が、次のように語る点に注目したい。

「私を万物の永遠の種子であると知れ[19]」という点である。すべてのものは神を種子として生まれたものであるというのだ。ということは存在物の一つひとつは、じつは神の肉体の一部分だということにもなり、どんな存在物にも神の高次の本性が宿り、それが個物の中心になっているということでもある。神と人間が種子を絆にしてつながっているのであり、それだからこそ親しげな愛情で結ばれているというのである。

さらには「憐愍のために、私は個物《アートマン》の心に宿り、輝く知識の灯火により、無知から生ずる闇を滅ぼす[20]」ともいう。神は信愛する者を憐愍し、みずから人間の心に宿り、無知の闇を滅ぼすというのである。人間とつながる神が人間を憐れみ、人の心の中に宿ってくれるのだ。したがって愛情をこめ、信愛し、供養・礼拝すれば神に近づき、一体と成り得るというのである。「私に意《こころ》を向け、私を信愛せよ。私を供養し、私を礼拝せよ。あなたはまさに私に至るであろう。私は必ずそうなると約束する[21]」というのである。

では次に、人間はどう考えられているのか。

人間観

人間は純質・激質・暗質の三つの構成要素（グナ）からなり、純質が優勢な人間は神的な人間、激質や暗質が優勢な人間は阿修羅的な人間である、とされている。そして「純質から知識が生じ、激質から貪欲が生ずる。暗質から怠慢と迷妄が生じ、また無知が生ずる」[22]とされる。

注意すべきは、「知識」「貪欲」「迷妄」「無知」といったものは仏教の概念に共通し、人間観では仏教と共通したものが見られるという点である。たとえばキリスト教の原罪というような発想に立つものではなく、無知すなわち無明なるがゆえに迷い、輪廻を繰り返すという仏教と共通した観点に立つ人間観である。ただ、その人間をどうするかという点で仏教との違いが考えられるのである。

仏教では無知や迷い、貪欲など人間を苦しめるものを八正道などの正しい道を実践して滅ぼし、解脱しようとするのであるが、ヒンドゥー教では、神の権化クリシュナが「不動なる信愛《バクティ》のヨーガにより私に奉仕する人は、これらの諸要素を超越して、ブラフマンと「一体に」なることができる」[23]というように、神を信愛し、奉仕することによって超えようとするのである。八正道の実践は庶民にはむずかしいが、信愛は誰にでも可能である。この点にヒンドゥー教がインド全体に広まっていった理由の一つが考えられる。

また「たとい極悪人であっても、ひたすら私を信愛するならば、彼はまさしく善人であるとみなさるべきである」[24]という包容性も、インドの庶民の心を惹きつけていったと思われる。このような寛容さは、仏教では大乗仏教、さらには悪人正機といった発想を生む後世を待たねばならなかった。

では最後に、先述した十九世紀末にヒンドゥー教復興運動に尽力したヴィヴェーカーナンダの著作『バクティ・ヨーガ――愛と信仰のヨーガ――』を取りあげ、信愛という信仰形態の核心に触れてみたい。

信仰観

信愛という信仰には愛情が重要な要素になっているが、ヴィヴェーカーナンダは次のように比喩的に表現する。

「神はわれわれの夫です。われわれはすべて女性、この世界に男はいません。たった一人の男がいるだけ、そしてそれは彼、われらのいとしいお方なのです。あの、男が女にあたえる、または女が男にあたえるすべての愛は、ここでは主にささげつくされなければなりません[25]」。

しかし疑問も生じる。男女の愛を宗教的な愛と同一次元で考えてもよいのだろうかという点である。彼は述べる。「夫のために夫を愛した者はいない。夫が愛されるのは、彼の内にアートマン、主がおられるからである[26]」と。単なる夫婦の愛ではなく、それを包んではるかに高い愛が説かれているのである。真の愛は夫を愛しつつ夫の本質アートマン、さらにはアートマンと一つである宇宙の根本原理ブラフマンを愛しているというのだ。このような高い次元で信愛が完成され、「ほんとうに無限の愛の海であるところの彼のもとに、行かなければなりません[27]」というのである。すなわち信愛とは、夫の中に神がおられると信じて夫に捧げる妻の気持ちの中に生まれる信仰であるといえる。

またヒンドゥー教の神々は人間を超越したり、超然とする神ではない。常に人間に働きかけ、人間を引きつけようと努力する神である。「主は強大な磁石であり、われわれは鉄のけずりくずのようなものです。……人生の膨大な努力とたたかいのすべては、われわれをして彼に近づかせ、ついには彼と一体にならせるためのものであります[28]」。生きるための苦労は、神と一体に成らせるための神のわざであるというのだ。つまり、みずからと一体に成らせるために、ひたすらわが身に人を引きつけようとする神への感謝に満ちた信愛も、ヒンドゥー教信仰の重要な要素になっているのである。

さらにヴィヴェーカーナンダによれば、信愛する人間においてはすべての人間は神の子どもであり、神の体であり、神の現われだという。人間のみならず動物もそうであるという。「人はもはや人とは見えず、神としか見えません。けものはもはやけものとは見えず、神と見えます。トラさえも、もうトラではなく、神のあらわれです。このようにして、バクティのこの強烈な状態においては、礼拝はあらゆる人に、あらゆる生命に、あらゆる生きものにささげられます[29]」。

そしてこのように確信できるようになれば、たとえ苦痛や不幸であっても、それが神の使いであると思えるようになる。「ようこそ、苦痛よ」「ようこそ不幸よ[30]」と受け取ることができるというのである。こうして神を信愛することによって、この世界に生じるあらゆることを神の現われ、神のなさること、神からの使いであると受け取りつつ、苦しみを超えていくのがヒンドゥー教の信仰である。

図8　ヒンドゥー教の信仰

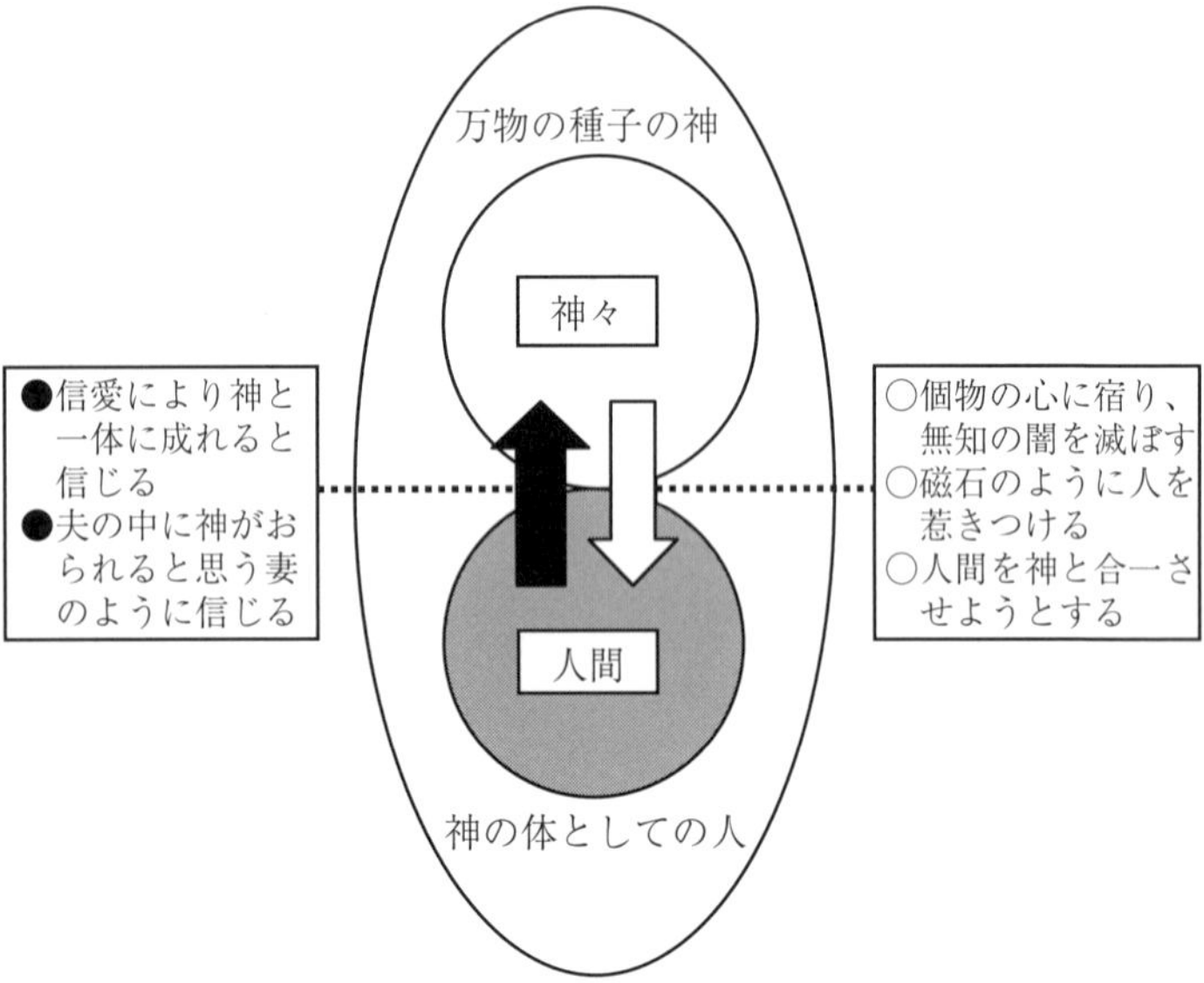

ヒンドゥー教の信仰の特徴…神を信愛し、供養・礼拝すれば、神・ブラフマンと合一し、一体と成り得ると信じる信仰。

※神は万物の種子であり、世界のすべてにはその種子が宿るという同質性に立ち、連続するので、神と人間は一つの円内に入り得る。

以上の諸点を総合するとき、ヒンドゥー教信仰はあらゆる存在が信愛によって神と合一できると確信する信仰である、と特徴づけるのが妥当であると思われる。

三　道教

道教は中国の老子が説いた宗教であるとされる場合があるが、実際には中国の庶民の間からおこった、いわば民族的な宗教である。まとまりのなかったその内容を組織化するための補強手段として老子の思想が用いられたのだ。もともと庶民から生まれたものであるから人間臭いし、根強い人気を得ることになったのだろう。

この宗教は自然発生的におこった宗教であるため、教祖や開祖にあたる人物はいない。教団としての組織ができたのは紀元後二世紀半頃であった。その後盛衰を重ねるが、清代の頃には伝統を守るだけとなり、中華民国以後は微力なものとなってしまった。

しかし台湾では現在でも盛んに崇拝され、小さな村にも廟や小祠がある。祭礼の日に限らず、朝晩参詣する人々が絶えない。暦には神々の生まれた日がしるされており、当日は各廟で祭りが行なわれ、活況を呈している。

また日本も歴史上道教の影響をかなり受けており、修験道などは道教の日本版とまでいわれている。七福神の一人寿老人は道教の神の姿を写したものである。さらに最近まで盛んに行なわれていた庚申《こうしん》待《まち》の源流も道教だとされ、東北のイタコの間に伝えられるオシラサマ信仰、あるいは夏の中元の習慣も道教に由来するといわれる。

沖縄では今でも道教信仰が生きている。戦火にあった那覇の天尊廟・媽祖廟《まそびょう》（天妃宮）・関帝廟も戦後立派に再建された。

では次に道教の神観に触れてみたいが、道教を組織化し理論化するために適用された老子（生没年未詳）の著書と伝えられる『老子道徳経』と東晋の道士葛洪《かっこう》（二八三～三四三頃）の著作『抱朴子《ほうぼくし》』を取りあげ、さまざまな神々が存在する道教のその奥に潜む神観について考えてみたい。

神観

『老子道徳経』おいては、「道」というものが神に相当する。そこで道の意味を問うてみたいが、老子は次のように説いている。

はじめに混沌としたものがあり、天地が生まれる以前から存在していた。その混沌としたものはひっそりとして音もなく、ぼんやりとして形もない存在で、何ものにも依存せず、不変のものであった。万物にゆきわたり、妨げられるということがない。これは世界を生み出した母ともいうべきものであるが、私はその名前さえ知らないので仮に「道」と呼んでおく、というのである。

つまり道とは万物の根源、宇宙の本体というべきものであり、常住不変の存在であって、その作用は万物を成立させる母のようなものだというのだ。ちなみに原文では「物有り混成《こんせい》し、天地に先だって生ず。寂《せき》たり寥《りょう》たり、独立して改まらず、周行《しゅうこう》して殆《おこた》らず、もって天下の母と為すべし。吾《われ》、その名を知らず。これに字《あざな》して道といい(31)」とされている。

このような道に対して人間はどのような関係にあるのかというと、次のように説かれる。たとえば水は万物に恵みを与えるが、だからといって威張ったり争ったりはしない。それどころか、誰もが嫌がる低くてじめじめしたところにすすんで身を置く。だからこそ水は偉大であり、道に近いところにいるというのだ。「水善《よ》く万物を利して争わず。衆人《しゅうじん》の悪《にく》む所に処《お》る。故に道に幾《ちか》し(32)」。人間は水のように謙虚であれ、といっているのである。そして謙虚になるためには私欲を少なくし、素朴な姿に戻らねばならないという。「素《そ》を見《あら》わし朴《ぼく》を抱き、私《わたくし》を少《すくな》くし欲を寡《すくな》くせよ(33)」。

謙虚になり、私欲を少なくすれば自然に道に従うことができるようになる。徳がある人間とは、じつは自然に道に従っている人間のことである。大きな徳をそなえた人つまり「孔徳《こうとく》の容《よう》は、唯道《ただみち》にこれ従う(34)」というのである。

このようにして道に従うとき、心は静かになってくる。するとさまざまな形で生起する万物が、やがてはその根本本体である道へと帰っていくのがよく見えるようになる、つまりこの世界のありのままの姿が見えてくるというのだ。「虚《きょ》を致すこと極まり、静《せい》を守ること篤《あつ》ければ、万物竝《なら》び作《おこ》るも、吾もってその復《かえ》るを観《み》る(35)」といわれるゆえんである。

このような心境に至れば、いたずらに自分の能力を頼んで人間世界であくせくすることがなくなり、自然に抱かれ道に養われていると自覚でき、感謝の心が生まれるようになる。こうして道が自然を通して人間を母のように養ってくださっていると感じるところに、道教の神観の一面が見られる。

次に『抱朴子』を見ると、ここにはっきりと「神」が出現する。たとえばこの書物では不老長寿の薬の作り方が説かれるが、薬を調合するためには神々を祭らねばならない。祭れば天を主宰する神である太乙元君、老子が神になった老君、女神玄女が天からやって来て薬を作る人々を見守ってくれるという。「この大薬を合はすには、皆まさに祭るべし。祭れば則ち太乙元君《たいいつげんくん》、老君《ろうくん》、玄女《げんじょ》、皆来りて薬を作る者を鑑省《かんせい》す(36)」。

ここで留意すべきは、これらの神々は元来人間であったという点である。人間が神に成ったのだ。たとえば太乙元君も、もともとは人間であった。陰陽を調和させたり風雨を支配する神であり、天下の衆仙は皆従ったのであるが、みずからもともと私も道を学び、丹薬《たんやく》をのんでこの境地に至ったといっている。原文では「本《も》と、道を学び丹を服するの致す所なり(37)」とある。この神は老子の師であり、黄帝《こうてい》も仕えた神であるが、道を学んで努力して神に成ったというのである。キリスト教やイスラム教のような超越的な神観とはまったく違う。このような神観が後の道教の神観の基本になっていく点を指摘しておきたい。次に両者の人間観を見てみよう。

人間観

まず老子の人間観は、基本的には性善説的であるといえる。彼はいう。善人といわれる人を私は善人として受け入れよう。しかし不善な人も私は善人として受け入れよう、人の心の中にそなわっているものが善であるから、というのだ。原文では「善なる者は吾《われ》これを善とし、不善なる者も吾またこれを善とせん。徳善《とくぜん》なればなり(38)」と表現されている。道から生まれた天地、天地から生まれた人の心の中には本来道がゆきわたり、善がやどっているからである。こうして道を信じ得た人を老子は聖人と呼ぶが、聖人は自分の耳目を幼児のようにし、分別心から離れるという。

『抱朴子』になると、その人間観はもう少し悲観的になる。たとえば黄白篇に述べられている。金銀を作る方法を知っている者（道士）は、大体において貧しいので、材料が手に入らず作ることができない。財力のある者は、その方法を知っていないばかりでなく、知っていても信じようとしない。たとえ少しは知っていても、もうすでに金銀をもっているので、これ以上費用をかけ精進潔斎してまで作ろうとはしない、と。原文では「その法を有する者は、則ち或ひは飢寒にして、以ってこれを合《あわ》す無し。而も富貴の者は、復たその法を知らざるなり。就令《たとい》これを知るも、亦一も信ずる者なし。仮令《たとい》頗《や》やこれを信ずるも、亦已《すで》に自づから金銀多ければ、豈に肯へて見財《げんざい》を費して以ってその薬物を市《か》はんや(39)」となっている。

老子においては人間は性善説的にとらえられていたが、『抱朴子』になると、このように堕落した者の姿に焦点が当てられるようになるのである。老子の楽天的な人間観から次第に悲観的な人間観への移行が見られるのだ。と同時に悲観的な人間観は、観念的な道への信仰と並んで、具体的で現実的な天神などへの信仰を濃厚にする傾向を生んでいる。いわゆる老荘思想から道教への宗教的移行をうながすことになっていると考えられるが、次に老子、『抱朴子』の底流に共通して存在する信仰の特徴を指摘してみたい。

信仰観

では三点に絞って指摘してみる。

老子は次のように述べる。小ざかしい判断をして軽挙妄動すれば不吉を招くが、聡明になり寛容になれば公平になる。するとおのずから天の理にかなった行動が生まれ、道と一体に成れる。道と一体に成れば長寿を保ち、安らかに暮らすことができるようになる。「道なればすなわち久しく、身を没するまで殆《あやう》からず(40)」というのだ。つまり心を虚しくして道に従い、道と一体に成りたいという気持ちの中に道教信仰の重要な特徴があるといえる。

第二に、心を虚しくし私欲をなくそうとする努力は神々の心に通じ、誠の心を養成することになる。うわべだけの気持ちでは神に通じず、道と一つには成れない。『抱朴子』は「皮膚《うわべ》のみ好喜すとも、道を信ずるの誠は、心神に根ざさず(41)」という。誠の心をもって道を学び、神を信じる気持ちの中に道教信仰の特徴の一つを見なければならない。

さらに第三に、道教においては不老長寿の願いが強いが、これはただむやみに長生きをするということではない。道と一体に成って生きれば肉体が滅んでも真の生命は滅びず、永遠に生きるという老子の思想がその基盤になっているのである。ちなみに原文では「その所を失わざる者は久しく、死して亡《ほろ》びざる者は寿《じゅ》なり(42)」と述べられている。この信仰があってこそ長寿の薬も有効になるのである。こうして正しく神を信じることによって長生を与えられる、と確信する気持ちの中にも道教信仰の特徴があると考えられる。

図9　道教の信仰

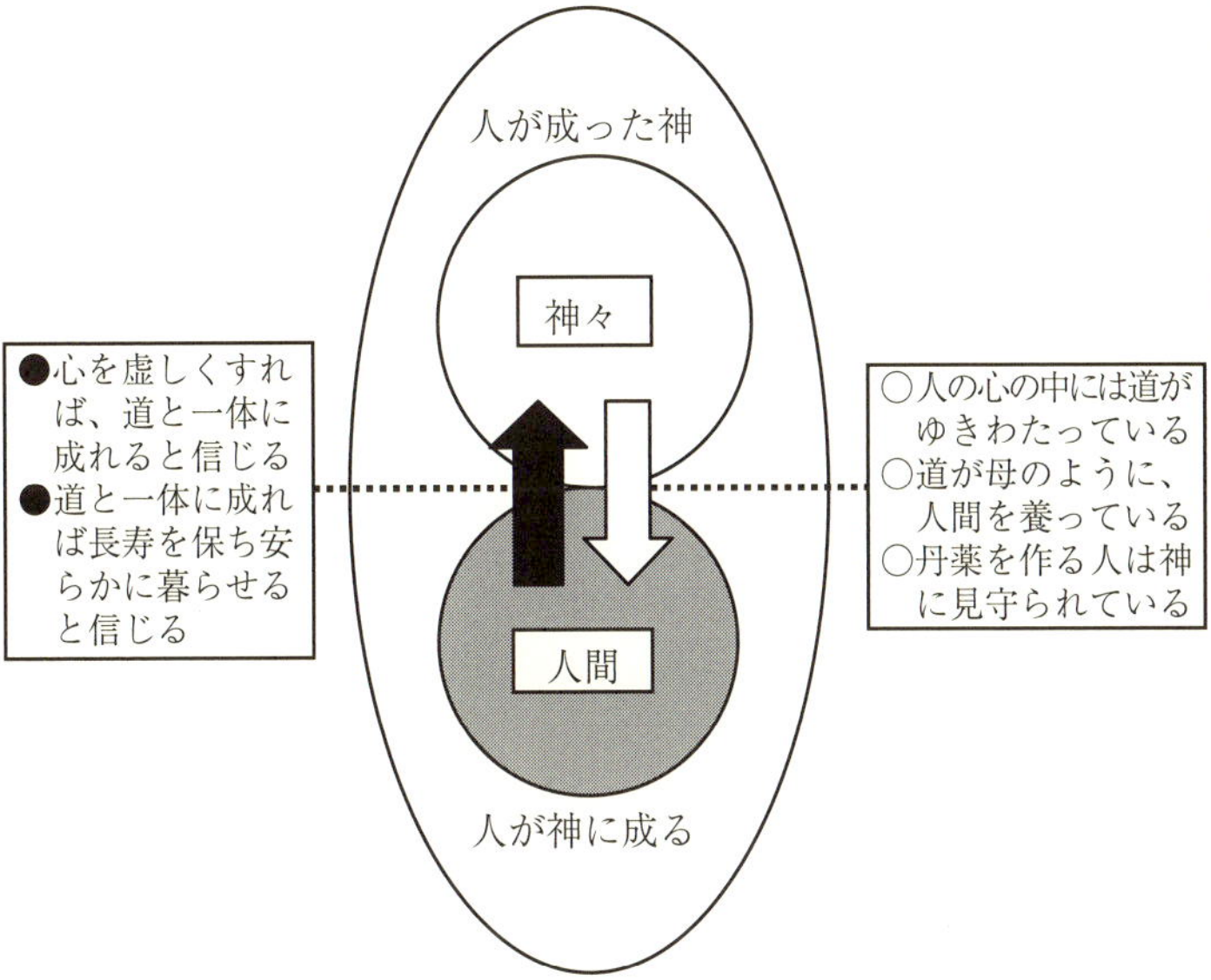
人が成った神
神々
人間
人が神に成る
●心を虚しくすれば、道と一体に成れると信じる
●道と一体に成れば長寿を保ち安らかに暮らせると信じる
○人の心の中には道がゆきわたっている
○道が母のように、人間を養っている
○丹薬を作る人は神に見守られている

道教の信仰の特徴…神々を信じ、祭ることによって神々に見守られ、神と一体に成り、長生が与えられると信じる信仰。

※人の心には道がゆきわたっているので神に成り得るという同質性、連続性の世界観に立っているから、一つの円内に入り得る。

以上、『老子道徳経』、『抱朴子』における信仰の意味を検討してきたが、自然の道とその力（神々）を信じ、一体と成って溶け込もうとするところに信仰のあるべき姿がある。

四　神道

原初的な神道は、弥生時代にまでさかのぼるといわれる。人々が農耕をはじめ、共同体を形成し、農耕に関連した祭りを行なうことから発したという。

やがて律令制度が整備されると神祇《じんぎ》制度も整えられ、神社祭祀も次第に定例化した。また国家との結びつきも強くなっていった。

仏教が伝来すると、聖徳太子の保護を受け、その同化性も手伝って神道と並び行なわれるようになった。時には神前で読経や写経が行なわれ、次第に接触が深まり、習合の形をとるようになった。これによって神道の内容も自覚的に教理的なものをもつようになるが、この習合の問題に少し触れておこう。日本人の独特な宗教性が見られるからである。神仏の習合は一般に三期に分けられる。

第一期は、神道の神々は仏法を守る護法神であると信じられ、寺院に鎮守の神が祀られたりした時期である。

第二期は、日本の神々は宿業《しゆくごう》によって神々の位置にとどまり、輪廻転生の苦悩が深いため、仏教の仏が神々の解脱を助けると信じられるようになった時期である。

第三期は、いわゆる本地垂迹《ほんじすいじやく》の発想に立った時期である。つまり神と仏とは本来同一であって本身はインドの仏であるが、衆生を済度するために神となり、迹《あと》を日本に垂《た》れると考えられた時期である。次第に僧形《ぎょう》の神像や本地仏が出現し、神社の儀礼や管理を別当や社僧が行なうようになった。

このような習合説はその後も展開され、真言神道の両部神道、天台神道の山王神道、末法思想と相俟《あい》《ま》って浄土信仰・観音信仰と結びついた熊野信仰が生まれることとなった。

しかし神道は、やがて自主的な立場から教学を形成するようになる。それが伊勢の外宮《げくう》の神主家、度会《わたらい》氏によってはじめられた度会神道である。これによって神道と仏教の間には本末の分があり、神道が立てる根本神こそが本体であり、仏はインドにおける垂迹であるという反本地垂迹説が主張された。

さらにこれに影響された吉田神道が室町時代に出現する。その大成者吉田（占部《うらべ》）兼倶《かねとも》によれば、たとえば仏教においては「成仏」といわれるが、神道では「成神」とはいわない。その理由は、皆神の所為によるのであって一切のものはすでに霊を含み、神であるから、あえて神に成るとはいわないというのだ。たしかに仏教においてはあらゆるものは仏に成る（成仏する）べきものであった。しかしこの神道と仏教の違いは、たとえばキリスト教における人間は決して神にはなれないし、それらは原罪に縛られているという発想との違いほど大きくはないし、本質的な違いでもない。この点を今は留意しておきたい。

江戸時代に入ると、神儒合一を説く儒家神道、吉川神道が出現し、伊勢神道が復興した一方で、垂加神道、復古神道が生まれ、平易な言葉を使ってよく民衆の教化をした。

明治になると、新政権は王政復古を理想として神道の国教化を進めた。天皇の神聖化、神祇官の再興、神社制度の確立、氏子制度を実施するなどして国家と神道の結合を強めていった。また宗教として公認された黒住教、天理教のような教派神道もおこった。

神観

国学者・本居宣長《もとおりのりなが》は『古事記伝』で、古代日本人は「尋常《ヨノツネ》ならずすぐれたる徳《コト》のありて、可畏《カシコ》き物[43]」すべてを神と呼んだ、と述べている。「可畏き物」とは、畏《おそ》れ敬うべきものといった意味である。このため神の数は実に多く、八百万《やおよろず》の神などと呼ばれている。これらの神々は、宗教学的には一般に次のような三種に分類されている。

第一に、美しく清らかな山や川や海、樹木や巨大な岩石、大地、さらにはどこかに神秘な力をもつ狼や蛇などの動物が神々として崇拝された。いわゆる自然神である。たとえば山の神は大山祇神《おおやまつみのかみ》、海の神が綿津見神《わたつみのかみ》と呼ばれたように。

第二に、英雄や偉人も神とされ崇拝対象とされた。大国主命や菅原道真などがこれに当たる。また祖先も祖先神として大切にされた。このような神々は人間神として分類される。

第三に、目には見えない力が神として崇拝される観念神の類である。たとえば万物を生み出し成長させる産霊《むすび》の力をもった高皇産霊尊《たかみむすびのみこと》・神皇産霊尊《かみむすびのみこと》、あるいは生命を生み出す生殖力の象徴としての伊《い》邪那岐命《ざなぎのみこと》・伊邪那美命《いざなみのみこと》などがこれに当たる。

このように世界の美しいもの、偉大なもの、神秘的なものすべてが信仰の対象になっている。あらゆるものを超越した唯一神ヤハウェやアッラーではなく、もっと人間に身近なものを神々と信じ、それらの神々に囲まれて日本人は生きてきたのである。神々に囲まれているということは、天地がじつは神の心に満ちており、現実を否定することなくこれを素直に受け入れ、畏れ敬うことこそが大切だという信仰を生むであろう。

宣長は『直毘霊《なおびのみたま》』の中で興味深いことをいっている。「神は、……善《ヨキ》神のみにはあらず、悪《アシ》きも有りて、心も所行《シワザ》も、然《シカ》ある物なれば、悪《アシ》きわざする人も福《サカ》え、善事《ヨキワザ》する人も、禍《マガ》ることある、よのつねなり、されば神は、理《コトワリ》の当不《アタリアタラヌ》をもて、思いはかるべきものにあらず、たゞその御《ミ》怒《イカリ》を畏《カシコ》みて、ひたぶるにいつきまつるべきなり[44]」。

つまり善い神だけでなく悪い神もおられ、こころもわざも善悪のあるものであるから、悪いことをする人が幸福になり、善いことをする人が不運な目にあうこともある。だから神についても人間についても道理に合う・合わないということで判断してはならないというのだ。じつに素直な考え方である。人間の狭い了見で善悪を測り神を小さな枠の中に入れてしまうのではなく、この大自然の力すなわち神々をそのまま受け入れ感謝し、すべての神々をお祭りせよというのである。おおらかな神観であるともいえよう。このような神観はおおらかな人間観と表裏するはずである。

人間観

宣長は人間について次のように述べる。「人はみな、産巣日神《ムスビノ》の御霊《ミタマ》によりて、生れつるまに〳〵、身にあるべきかぎりの行《ワザ》は、おのづから知りてよく為《ス》る物にしあれば[45]」、つまり人間は産巣日神（産霊神）の霊によって生まれてきたのであるから、自分にふさわしい行為はよく知っており、よく行なうことができるというのである。

人間だけではなく命あるものすべてがそうであるというのだ。「世中《ヨノナカ》に生《イキ》としいける物、鳥蟲《トリムシ》に至るまでも、己《オノ》が身のほど〳〵に、必ずあるべきかぎりのわざは、産巣日神《ムスビノ》のみたまに頼《ヨリ》て、おのづからよく知りてなすものなる[46]」、つまり生きとし生けるものすべて、鳥や虫であっても、神の霊によって生まれるのであるから、なすべきことは知っているし、行なうことができるというのである。だから素直に正直に生きればそのままでよいというわけだ。ところが外国から入ってきた思想は、理屈っぽい徳目とか道などを強制し、押しつけるというのである。

たとえば儒教の「いわゆる仁義礼譲孝悌《コウテイ》忠信のたぐい、……教えをからざれども、おのづからよく知りてなすこととなるに、……なおきびしく教えたてんとせる強事《シイゴト》なれば、まことの道にかなわず[47]」。儒教の徳目などはすでに人間にそなわっているのだから強制すべきではない。それなのにきつく教えこもうとするから、まことの道からはずれてしまうというのだ。

このような人間観に立った神道においては、罪を背負う自分を拒否するとか、煩悩に犯された自分を否定し救いを願うといった信仰とは異なった信仰を生むはずである。神霊から生まれた自分をそのまま肯定する発想は、自己否定を要求しないからである。

信仰観

では神道の信仰とはどのようなものとなるのだろうか。神道にはいわゆる「信仰」とか「信心」に当たる言葉は基本的にはない。「信」という言葉はあるが、神道の信仰の本質を表わしてはいない。したがって神道の中に入ってその内容を探ってみるほかない。

宣長は「神の道に随《シタガ》うとは、……いさゝかもさかしらを加《クハ》え給うことなきをいう(48)」と指摘している。さかしら、つまり利口ぶったり小ざかしい態度をとることは神道に生きることではないというのである。他国のさかしらで小ざかしい考え方を模倣したため、日本人の「直《ナホ》く清《キヨ》かりし心も行《オコナ》いも、みな穢悪《キタナ》くまが(49)」ってしまったというのである。

宣長によれば、物事の善悪、可否をあれこれいわず、ただ素直に神々を畏れ敬いお仕え申し上げよ、というのだ。「善悪《ヨキアシ》き御《ミ》うえの論《アゲツラ》いをすてて、ひたぶるに畏《カシコ》み敬《ウヤマ》い奉仕《マツロウ》ぞ、まことの道には有りける(50)」。神を畏み敬いお仕えしようとする気持ちのあり方が、まず神道信仰の重要な要素になっているといえる。

また宣長は次のようにも述べる。「凡《スベ》て此の世の中の事は、春秋のゆきかわり、雨ふり風ふくたぐい、又国のうえ人のうえの、吉凶《ヨキアシ》き万の事、みなことごとに神の御所為《ミシワザ》なり、……所行《シワザ》もそれにしたがうなれば、……(51)」。春秋の移り変わり、風雨の類から吉凶に至るまですべて神のなすところであるから、これを素直に受け入れ、従えというのだ。「従《シタガ》い居《ヲ》るこそ、道にはかなえれ(52)」というのである。しかし従うといっても服従を強制されることではない。神の霊によって生まれた人間なのであるから、神の働きを受け入れ、素直に従うことこそが最高の行ないであり、これによって神に近づくのである。いずれにせよ神の働きに直く清き心で素直に従う気持ちの中にも、神道の信仰の重要な要素があるといえる。

さらに神道においては祭りが重視されることは周知のことであるが、宣長の次のような文に注目したい。神を祭るに際して、神に喜んでもらうため、「まづよろずを齋忌《イミキヨ》清めまわりて、穢悪《ケガレ》あらせず、堪《タエ》たる限り美好物《ウマキモノ》多《サワ》に献《タテマツ》り、或《アル》いは琴《コト》ひき笛《フエ》ふき歌儛《ウタイマ》いなど、おもしろきわざをして祭る(53)」、つまり穢れを避けてすべてを清め、できる限りおいしいものを献じ、あるいは琴をひき、笛を吹き、歌い舞うなど、おもしろいことをして神々に楽しんでもらおうというのだ。このような面を考慮するとき、神に喜んでもらいたい、喜ばせたいという気持ちと神道の信仰が深く結びついていることがわかる。この面も神道信仰の重要な要素になっていると考えられる。

以上のような信仰に生きるのが神道の信仰であり、このような信仰によって神道のいう大らかな生き方ができるようになる、というのである。宣長も「すべて何《ナニ》わざも、大《オイ》らかにして事足《タリ》ぬる(54)」というが、このような素直な真情から生まれる信仰に特徴があるといえるであろう。

図10　神道の信仰

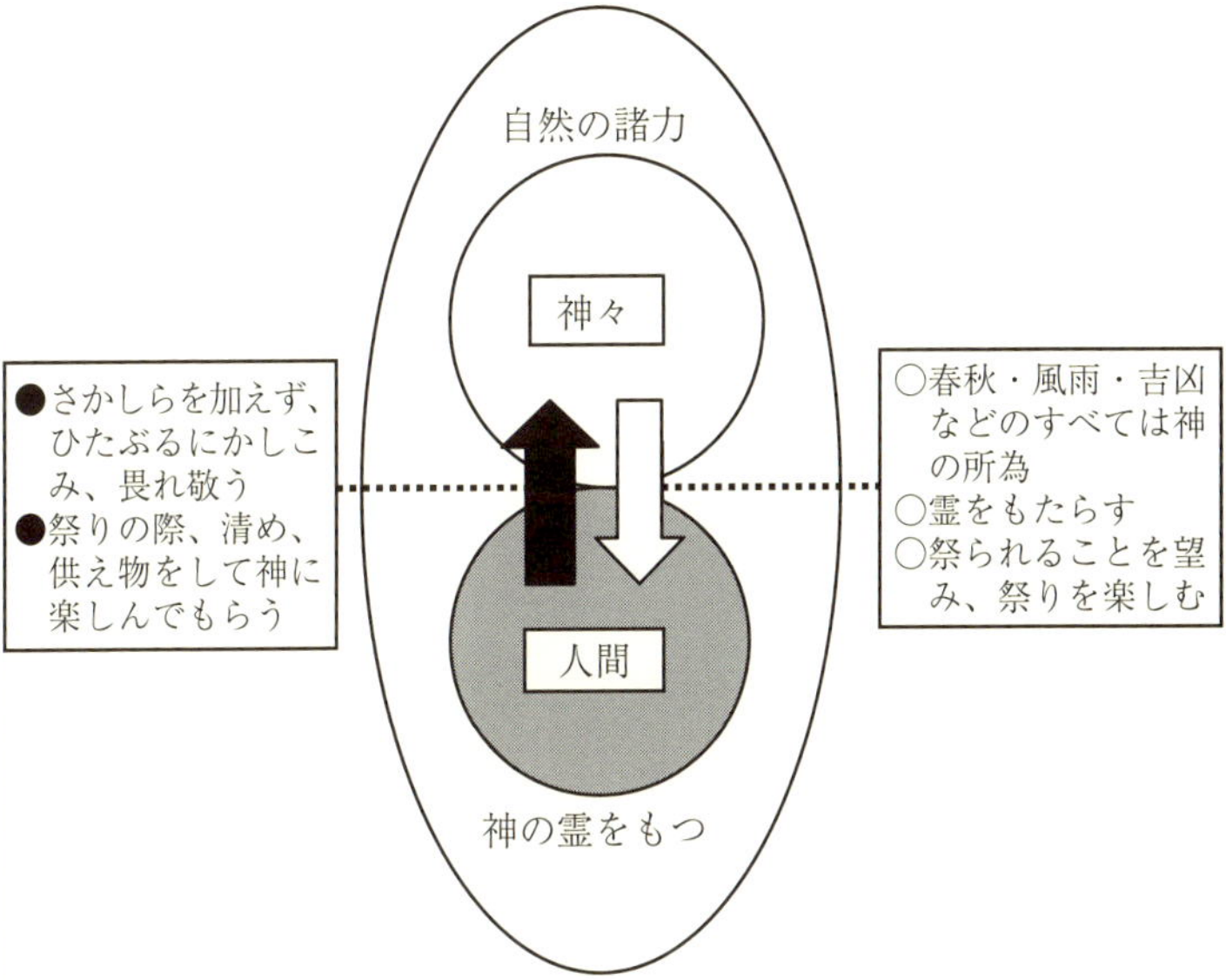

神道の信仰の特徴…神々の所為を素直に信じ、畏れ敬い、それに従って生き、神々に喜んでもらうために祭りをする信仰。

※人は産巣日神の御霊によって生まれ、神の霊をもっているという神との同質性、連続性に立った世界観であるから、一つの円内に入る。

註

（1）高津春繁訳『オデュッセイア』（世界文学大系1『ホメーロス』、筑摩書房、一九六一）所収、四二頁。
（2）同、一七〇頁。
（3）同、一九頁。
（4）同、四〇頁。
（5）同、一三三頁。
（6）同、三六～三七頁。
（7）同、五五頁。
（8）同、三七頁。
（9）同、一六二頁。
（10）同、七六頁。
（11）同、一六一頁。
（12）同、三八頁。
（13）同、一六〇頁。
（14）同、一七頁。
（15）同、一二八頁。
（16）同、四九頁。
（17）同、一七頁。
（18）同、四六頁。
（19）『バガヴァッド・ギーター』（上村勝彦訳、岩波文庫、一九九二）七一頁。

(20) 同、八七頁。
(21) 同、一四〇頁。
(22) 同、一一五頁。
(23) 同、一一六～七頁。
(24) 同、八四頁。
(25) 『バクティ・ヨーガ――愛と信仰のヨーガ――』（日本ヴェーダーンタ協会、一九九一）一七七頁。
(26) 同、一二二頁。
(27) 同、一七八頁。
(28) 同、一二三頁。
(29) 同、一四三頁。
(30) 同、一四三頁。
(31) 『老子道徳経』（新釈漢文大系7『老子・荘子上』、明治書院、一九六六）所収、五二頁。
(32) 同、二三頁。
(33) 同、四二頁。
(34) 同、四六頁。
(35) 同、三七頁。
(36) 『抱朴子』（中国古典新書、村上嘉実著、明徳出版社、一九六七）一五五頁。
(37) 同、六三頁。
(38) 『老子道徳経』、前掲註(31)書、八七頁。
(39) 『抱朴子』、前掲註(36)書、一四四頁。
(40) 『老子道徳経』、前掲註(31)書、三七頁。

(41)『抱朴子』、前掲註(36)書、一五〇頁。
(42)『老子道徳経』、前掲註(31)書、六五頁。
(43)『古事記伝』(『本居宣長全集』第九巻、筑摩書房、一九六八)所収、一二五頁。
(44)『直毘霊』同、六一頁。
(45)同、五九頁。
(46)同、五九頁。
(47)同、五九〜六〇頁。
(48)同、五〇頁。
(49)同、五三頁。
(50)同、五六頁。
(51)同、五四頁。
(52)同、五九頁。
(53)同、六一頁。
(54)同、五二頁。

第三節　親鸞の信仰との比較

一　一神教系の信仰と親鸞の信仰

ここでは先に述べたユダヤ教、キリスト教、イスラム教のような一神教系宗教の神観・人間観・信仰観を総合的に検討することによって一神教の信仰の特徴を導出し、親鸞の信仰と比較してみたい。

まず神観であるが、ユダヤ教の神ヤハウェは、天地を創造した唯一神であり、万物を生かし、支配し、戒め、歴史を導く強力な存在であった。この神はユダヤ人の祖先であるアブラハムに現われ、彼らの民を選んでカナンの地を与えると約束した。またモーセを通して彼らをエジプトから導き出し、シナイ山で契約を結び、律法を守るようにと命じこれを守りぬいた者には永遠の命を、これに背き神の契約に反した者には永遠の滅びを与えるという存在であった。他の神を信じることも偶像崇拝もきびしく拒絶する神であり、自然崇拝、多神教の類は一切認めようとしない神であった。

キリスト教も神ヤハウェを信じる宗教であり、基本的にはユダヤ教と共通する構造をもつが、顕著な違いは律法を守れなくても自分の罪を悔い、神に顔を向ける人間は救おうとする神であるという点である。最愛の独り子イエスを人間に捧げ、全人間の罪を背負わせ、人間の罪を赦そうとする存在であった。ユダヤ人として律法を守ることよりも、神を信じることが強調されたため、結果的には信仰のないユダヤ人より、信仰のある異邦人のほうが救われるという見方を生むことにもなったのである。

イスラム教の神アッラーも唯一神であり、全能にしてあらゆるものの創造者であった。すべてを統治し、保護しつつ歴史を支配する。畏れかしこむ者を愛し、背信の徒には怒り、人を試し、強い服従心を要求した。他神を信じること、偶像を崇拝することもきびしく禁じる。無信仰の者を呪い、よく信じ善を行なう者にはみずから感謝するという。ただしキリスト教と違い、神の子イエスという存在は認めない。開祖ムハンマドも普通の人間であった。

以上、一神教系の三宗教の神観を見てみたが、この三宗教は砂漠で生まれた同根の宗教であるといわれるように、共通する点が多い。その中でも今指摘しておきたいのは、いずれの神も人格性が非常に強いという点である。日本の神道、東洋の仏教や道教などと違い、信じる者はどこまでも愛するが、不信の者には怒り、呪い、復讐するというような強力な人格性を感じさせる点である。

また神は人間を創造するが、人間が神に成るとか神と合一する・一体と成るという発想を許さない。つまり神の側から見れば神と人間の間に連続性があり得ても、人間から見ると連続性はなく、人間と神の間は非連続であり、断絶があるのみである。したがって救済はあるが、多神教のように人間が神に成る、神と合一し、一体と成るというような可能性はまったくない。したがって人間と神との間は自然的な連続性によってはつながらず、圧倒的な神の人格的な救済力によってのみつなげられるのである。言い換えれば自然法ではなく神のもつ超自然法によってしか結ばれ得ないのである。この関係においては思考法も自然的というより超自然的になる。無よりの創造、終末、最後の審判、聖霊によるイエスの誕生、あるいは復活というような事例はその超自然性の典型であるといえる。

次に人間観についてであるが、ユダヤ教においては人間は神によって創造され、支配され、最後には審判を受ける存在であった。しばしばなされる神の試みには決して逆らってはならない。強烈な人格的な神との関係においては、その神の意志に反抗することが罪となるのである。またユダヤ教にあっては、ナザレのイエスのように神と人間の間に立って仲介する存在はなく、モーセであっても人間であった。したがって聖職者もなく、信徒と神との関係がすべてになり、絶対的に神に従い、律法を守りぬいた者だけがユダヤ人として認められた。いずれにしても人格的な信仰を通しての契約によって神と強く結びつけられる存在として人間が考えられている。

キリスト教においては、神による創造、支配、審判などの基本的な構造はユダヤ教に共通するが、罪を犯す人間への見方が変化したという点で違いが生まれた。ユダヤ教においては律法を守らない人間は罪人であり、救われ得ない存在であったが、キリスト教になるとその律法を守れない罪人の救いが主題となり、その罪を背負ってくれたというイエスへの信仰が中心になった。独り子イエスをそのような贖罪者として捧げた神の救いの対象として人間が考えられるようになったのである。したがって深い内省により、神の人間への愛に気づき、生まれ変わることが要求される人間観になったのである。

イスラム教においては、創造、支配、審判などについてはユダヤ教、キリスト教とほぼ共通するが、罪の見方が違う。たしかにイスラム教においても人間は常に悪に傾く存在であるし、恩寵を与えられていても気づかず、欲望を追求し現世の快楽を追う存在であったが、原罪のとらえ方が違う。アダムが悔い改めたため、それは子孫までは及ばないと解釈されたのである。このため罪を自覚し赦されるべきであると同時に神に従い善行をなすことも強調されることになった。したがって、たとえばキリスト教においてルターが信仰のみを必要とするといったような人間観ではなく、信仰と同時に常に善を行なうことを必要とする人間観が形成されたのである。

このように三宗教における人間観にはそれぞれ違いはあるが、強烈な人格をもつ神と罪人としての人間の関係の中で人間のすべてが考えられている点は共通している。またこれらの宗教においては、人間は神によって救済されるべき存在であって、神に成るような存在としては考えられていないことを再確認しておきたい。

次に信仰観であるが、ユダヤ教においては、わが子イサクを殺すことを命じられたアブラハムのように、神を信じ、絶対的に従いぬくところに信仰が考えられていた。他の神を拒絶し、ヤハウェのみに従い、心を尽くし、魂を尽くし、力を尽くして神を愛し信じ、神から命じられた律法を守りぬくところに信仰が考えられているのである。

またキリスト教においては、神の独り子であって神からつかわされたイエスを救い主として信じるが、この信仰はイエスを通して無償で神から注ぎこまれるものであり、人間の内に働く神のわざであると考えられている。この信仰によって常に神を呼び求め、神に感謝するところに生まれる信仰である。ルターが信仰は神と人との「結婚指環」であると表現したように、神と人間の間に生まれる、きわめて人格性の濃い信仰であるといえる。

イスラム教においては、きびしい反面、恩寵をも与えてくれる神アッラーに感謝し、自分のうぬぼれに気づき、忘恩を反省し、ひたむきに神に従う信仰である。神とアダムはすでに和解しているので原罪を気にしすぎる必要はないが、常にうぬぼれ、忘恩に堕しがちな自分を反省し、しっかりと善行をなすことに専心する信仰でもある。つまりアッラーを畏れ、かつ自分を反省し、神の恩寵に感謝して慎み深く善い行ないに励むところに生まれる信仰なのである。

以上、三宗教の信仰に共通する点は、本来救われがたく神と断絶する非連続な人間が、神の圧倒的な人格性によって信仰を与えられ救済されるという信仰の形態である。

さて、このような一神教系の三宗教と比較した場合、親鸞の阿弥陀仏観・人間観・信仰観はどのような特徴をもち、一神教に対してどのように位置づけられるべきかを、すでに第一章で検討した親鸞の三側面を想起しつつ考えてみたい。

まず神観にあたる阿弥陀仏観について、親鸞は、たとえば『一念多念文意』に「一如宝海《いちにょほうかい》よりかたちをあらわして、法蔵菩薩《ほうぞうぼさつ》となのりたまいて、無碍《むげ》のちかいをおこしたまうをたねとして、阿弥陀仏と、なりたまう(1)」とした。阿弥陀仏は非人格的な一如の世界から人格的な世界に現われ誓いをおこしたというが、この点で、非人格性と人格性の両面をもつ存在としてとらえられている。一如とは真如のことでもあり、唯一絶対でありのままの、形相を超えた静かな真理そのもののことであり、非人格的な世界である。この非人格な世界から人を救うために現われ、人格的な誓いを立てたという点で阿弥陀仏は二重の側面をもつといえる。つまり阿弥陀仏は、人格的な存在であると同時に非人格的な存在でもあるという二重性の上に立った存在として考えられているのである。

次に親鸞の人間観を見ると、宿業に縛られ地獄は一定であると仏の前で告白し、訴えるような面には濃厚な人格性が感じられ、とても仏になぞ成れないという点で断絶性が考えられているが、のちに自然法爾、義なき義の信心に至り、仏性が開顕され如来と等しくせしめられるとされるようになった面には人格性が消去、昇華されていき、同時に仏に成らしめられるという点で仏教本来の連続性が再び自覚されている。人間観についても二重性が考えられるのである。

さらに信仰観を見ると、一面で罪悪深重な人間は純粋な信心をもつことができず、如来より回向され、たまわりたる信心をすべてとする人格性の強い信心であるが、同時に、のちに至った自然法爾のような信心においては、「行者《ぎようじや》のよからんともあしからんともおもわぬを、自然《じねん》とはもうす」(2)、「義《ぎ》なきを義とすとしるべし」(3)、「義なきを義とすということは、なお義のあるになるべし。これは仏智《ぶつち》の不思議《しぎ》にてあるなり」(4)とされるように、人格性が消去、昇華され、もはや非人格的な信仰になっているとも考えられる。この点で信仰観も強い人格性に立つ側面とその人格性がおのずと消えていく非人格性に立つ両面が重層しており、二重性が考えられる。

このように親鸞においては三側面のいずれにおいても人格的な面と非人格的な面の二重性が考えられ、しかもこの二重性が重層しているそのあり方の中に彼の信仰の核心があるのだ。したがって圧倒的に人格性が強調され、非人格性が希薄な一神教に比較するとき、人格性が濃厚な面では一見類似するような面もあるが、非人格性をも同時にもつという点で、明らかに相違する点が見られるのである。この点のみを指摘するにとどめ、次に多神教系宗教の信仰と比較してみたい。

二　多神教系の信仰と親鸞の信仰

ここでは先に述べた古代ギリシアの宗教、ヒンドゥー教、道教、日本の神道のような多神教系の宗教の神観・人間観・信仰観を総合的に検討することによって多神教の信仰の特徴を導出し、親鸞の信仰と比較してみたい。

まず古代ギリシアの宗教の神観であるが、神は超越的でもなく、全知全能でもなかった。神々の能力には限度があり、優劣もあった。人間との区別も明確ではなく擬人的であり、現実的な特徴ももっていた。善意をもつ神がいる半面悪意をもつ神もいたし、人間のように考え行動し、人間の前に姿を現わしもした。神のほうがすぐれてはいるが、神と人間には共通する面も多く、連続性をもち、断絶はなかった。要するにこの宗教の神は人間と断絶した圧倒的な超越者として発想されているのではなく、人間の延長線上に考えられ、人間と連続するものとして発想されていたのである。したがって一神教の神のように強力な人格性をもって人間に迫り、超自然的な力で有無をいわせず支配するというような神ではなかった。そのような意味で人格性は希薄であったといえる。

ヒンドゥー教では、神は万物の種子であり、神と人間はその種子を絆として質的に連続性をもち、つながっていた。したがって神は人間を超越した存在ではなく、また圧倒的な人格をもって支配する存在でもなく、ちょうど磁石が鉄を引きつけるように人間を神に引きつけ、近づかせ、ついには神と一体に成らせるように働きかける存在であった。あるいは神を信愛する者を憐愍し、個物（アートマン）の心に宿り、無知から生じる闇を照らすとも表現されていた。要するに神は人間と連続するものであり、人間はいずれ神と合一し、一体と成る存在なのである。このため自己を否定し超自然的な神の力によってのみ救われるという関係に立つのではなく、鉄が磁石に引きつけられるような自然な関係にあるのであって、むしろ非人格な関係の中に存在する神なのである。

道教においては、老荘思想の段階では道が神に相当し、これは世界を生み出した母、万物の根源、宇宙の本体ともいうべきものとして考えられていた。この万物の根本本体というべき道と一体に成ることによって人間の肉体は滅んでも真の生命は永遠に生きるというが、一体に成り得るという点で道と人間のあいだに連続性があるのである。またこの老荘思想を基盤として宗教化した道教における神々は元来人間であったが、道を学び丹薬を飲んで神の境地に至ったという。このように道教においては神と人とは強力な支配者と被支配者の関係ではなく、母と子のような関係であり、その神も本来人間であった。神と人間の間に連続性がある非人格的な関係に立つ神といえる。

日本の神道の神々を分類すれば、美しく清らかな自然物が神として信じ崇拝される自然神、英雄や偉人あるいは祖先が神として崇拝される人間神、目に見えない神秘的な力が神として崇拝される観念神の三種の神々に分類された。この分類からもわかるように、神道の神々はいずれもこの世界を構成する構成要素であり、人間に身近な存在であった。人間や自然を超越し圧倒的な支配力をもって迫りくるといった存在ではない。人間も自然も神秘な力も神々であり得、日本人はこの神々にとり囲まれ、つながっているのであり、連続性に立った非人格的な神々である。

次に人間観であるが、古代ギリシアの宗教では人間は能力を磨けば神に成り得ると考えられていた。実際にはむずかしく、すでに神に成った神々の助けを必要とするが、人間が神に成り得るという点は一神教に比較した場合顕著な特徴となる。神と人間の間には根本的な断絶がなく、連続性が考えられているのである。たとえば神と人間の両者の姿、容姿などにも、共通性があった。もちろん神の容姿のほうがすぐれてはいるが、神の姿を造形することをきびしく禁じる一神教のような発想はなく、自由に任される点などは人間と神との間に連続性があると考えられているからだといえる。一神教は偶像崇拝が厳禁され、多神教では許容されているが、この点と関係があるだろう。

ヒンドゥー教においては、人間は無知すなわち無明であるため、迷い、輪廻を繰り返すが、神を信愛し奉仕すればブラフマン、神に近づき一体と成れるとされた。その理由は、すべての人間は神を種子として生まれ、神の子、神の体、神の現われであると考えられているからである。神と人間の間には根本的な異質性も断絶もない。神を信愛するという点では人格性がないわけではないが、神が圧倒的な力で神の要素をもたない人間を救済するというのではなく、救われるべくして救われるのである。神と人間の間に自然な連続性があるからだ。

道教においては、老荘思想の段階では、神に相当する道から生まれた天地、天地から生まれた人間の心の中には本来、道がゆきわたり、善が宿っているとされた。神と人間がこうしてつながり連続しているのである。したがって謙虚になり、私欲を少なくすれば自然に道に従い、道に養われていると自覚できるようになる。感謝の心が生まれ、徳のある人となるというのだ。のちに道教の段階になると、神々を祭り不老長寿をかなえる丹薬を作り、これを飲めば長寿となり安らかに暮らせると信じられた。きわめて自然な発想に立ち、強力な人格性の介在しない、むしろ連続性をもった非人格な世界で人間が考えられているのである。

神道では、人間はすべて産巣日神の御霊によって生まれてきたのであるから、本来神の霊をもち神であるため、神に成るとはいわないという存在であった。また神の御霊から生まれたのだから自分にふさわしい行為をよく知っており、よく行なえるというのである。人間のみならず鳥や虫もそうだという。それなのに他国の小賢しい考え方を模倣したために、日本人の心は穢くねじ曲がってしまったというのである。ここに人間観の特徴がよく表われている。人間も神も本質的には違わないのである。したがって人間は神に近く、神は人間に近いのである。さかしらな心をおこさなければそのまま自然に神であって、超越的で強力な人格的な神は入りこむ余地はなかったのだ。一神教が日本に定着しにくいのもこのような土壌があるからだろう。

次に信仰観であるが、古代ギリシアの宗教においては供え物をし、正直に嘆願すれば、神はこの嘆願に応じるだけでなく、恵みを与え、返礼までしてくれると信じる信仰であり、きわめて自然な発想である。ただし嘆願しても聞き入れてもらえない場合もあるが、これこそいっそう自然な無理のない発想でもある。神と人間は自然な意味で連続しているのであって、両者の間に成り立つ信仰は、人格的で強力な信仰ではなく、非人格的で自然な信仰であるといえる。

ヒンドゥー教の信仰は、自分の夫の中に神がおられると信じて夫に愛を捧げる妻の気持ちの中に生まれるような信仰だといわれる。ということは神を信じることも夫を信じることも根本的には変わらないということであって、非常に自然な信仰であるともいえる。一神教においては、神を信仰することと肉親を信じることとは質的に異なる。またヒンドゥー教においては、人間も動物も神の現われであるから、礼拝はすべての生あるものに捧げられねばならないという。このような発想の根底には、神も人間も動物もすべてつながりをもち、連続しているという考えがあるのだ。連続しているから信仰も自然な心で素直に供物を供え、親しみをこめて信愛すればよいということになる。連続しているから神を信愛し、供養、礼拝すれば、個・アートマンは神・ブラフマンと合一し、一体と成り得ると信じる信仰となったのである。

道教の信仰は、老荘思想の段階では心を虚しくし、自分の耳目を幼児のようにすることによって分別を離れて道に従えば、必ず道と一体に成れると信じられた信仰であった。道と一体に成って生きれば、肉体が滅んでも真の生命は滅びず、永遠に生き得るとされたのである。のちに道教になると、さらに現実的になり、自然の道とその力である神々を信じ、一体と成ろうとするとき、神々は天から来て丹薬を作る人々を見守ってくれるとされるようになった。人間がその丹薬を飲めば、長寿を保ち、安らかに暮らせると信じる信仰となったのである。このような信仰を生んだ根底には、やはり自然、道、神、人間に断絶のないつながり、連続性があったのであり、その連続性の中には、超越性をもった人格的な神は必要なかったのであると思える。

また神道によれば、天地は神の心に満ちているので、現実を否定する必要もなく、これを素直に受け入れ、さかしらな考えを捨て、信じ、感謝し、神々を祭ることが道にかなうことであるという。祭りの際には、すべてを清め、神々のために美味しいものを供え、神楽など楽しいことを行ない神に喜んでもらい、ひたぶるに敬い奉仕することが人間の重要な行為となった。このように神道においても、神・自然・人間にはそれぞれ信頼感のあるつながりがあり、その連続性を感じるところに自然に信仰が起こってくるのである。自己否定を通して超越的で圧倒的な人格をもつ神に服従するというような信仰形態にはならなかったのである。

以上多神教系の信仰の特徴を見てきたが、このような連続性に立った非人格的な特徴は、親鸞が信心を得たのち、あらゆるいのちあるものに仏性を認め、浄土にてその仏性を開顕され自分も仏とされていくと気づいた面に共通するものがある。つまり仏性を通じて仏・人間が連続しているという伝統的な仏教に近づいていった面には多神教に通じる面も認められるのである。

しかし必死に阿弥陀仏の本意、真意を求めていた頃には、自分の中に仏性などは自覚し得ず、仏になどなり得ないことを告白するばかりであった。その結果、じつは信心・念仏までも一方的に仏のほうから与えられていたのだと気づいた信仰においては、圧倒的に人格的な阿弥陀仏と無力な自分しかいないという人格的な世界にいた。絶対に仏と自分には連続性はないという信仰であって、この信仰は一神教に近いといえる。

しかしこの二面は別々に並行しているのではなく、二重性となって重層しているのであり、生きて重層しているところにじつは親鸞の信仰の本質があるのである。この二重性の重層する内実を分析してみると、次のようになるだろう。

阿弥陀仏から信心を回向され、たまわっているという人格的な信心が深まれば深まるほど、その信心は阿弥陀仏が方便法身として現われる以前の法性法身への信心に純化され、昇華されていかねばならなかった。この点で人格的な信心は非人格的な信心へと昇華されていく。しかしこのような非人格的な信心に気づくとき、非人格的世界である一如宝海の世界からあえて方便法身として阿弥陀仏となって現われてくださった仏への感謝は一層深まり、その自覚は一層の喜びとなる。人格的信仰と非人格的信仰のこの二重性こそが親鸞の信仰の核となっていると私は考える。

したがって親鸞におけるこの二重性は、このように二重性として生きて重層しているところに信仰の本質があるという点で一神教の信仰、多神教の信仰とも通じる面をもちながら、しかも異なる面ももつということで、両者の中間に独自に位置づけるべき信仰であると私は考える。

しかしこの点については、さらに仏教内での位置づけが明確にされなければ十分とはいえないので、次に仏教における親鸞の信仰の特徴について考えてみる。

図11　一神教の信仰・多神教の信仰・親鸞の信仰

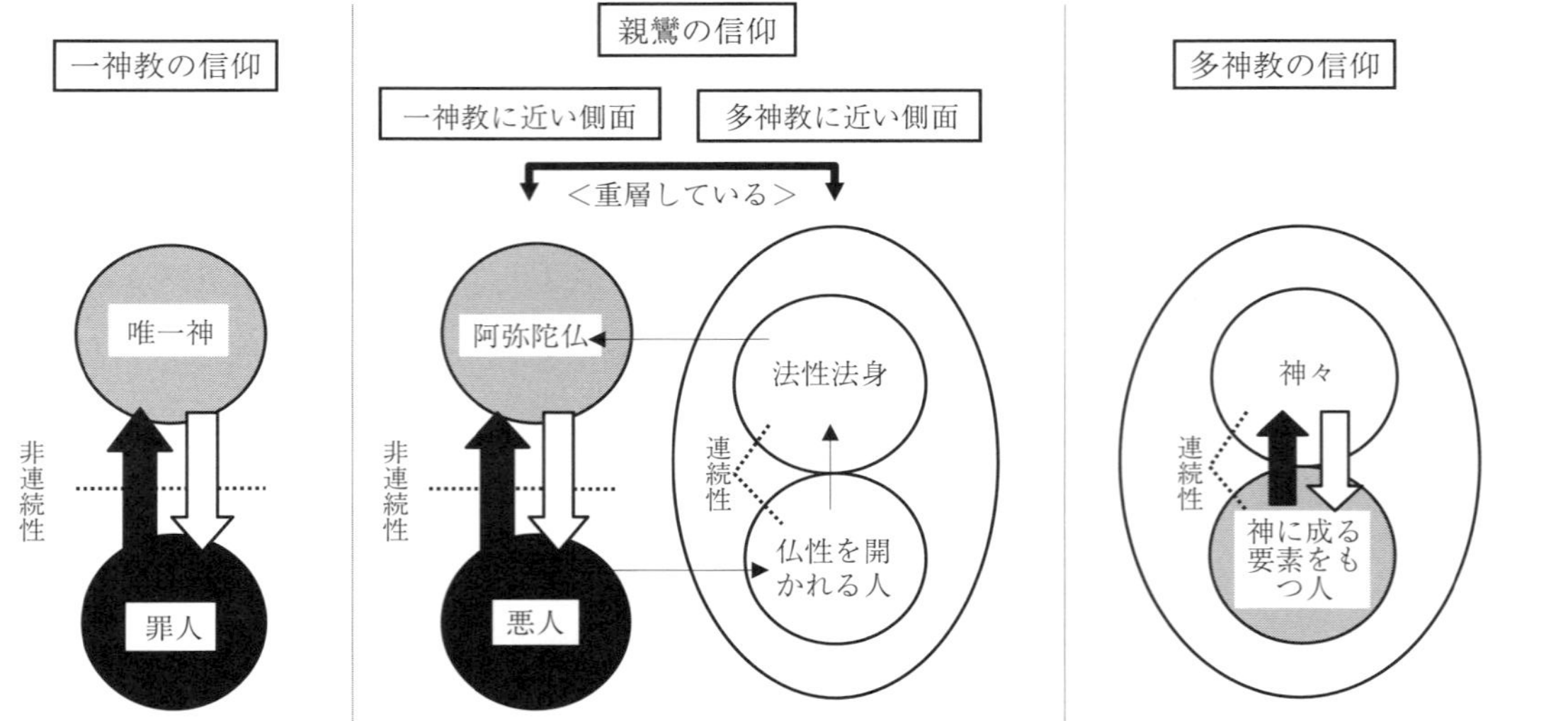

人間は神に成ることはできない。罪人である人間はただ神によって救われるほかないから、強烈な人格的な信仰になる傾向がある。唯一神を灰色にしたのは人格性を表わす。

人間は悪人であり仏には成り得ないという自覚があるため、仏と人間は非連続の関係になり、阿弥陀仏の救い以外にないから強い人格的な信仰になる。しかし信仰を得たとき、浄土において仏性が開顕され仏と成る。この時点では法性法身への静かな信仰となる。この二重性に基づく信仰に特徴がある。阿弥陀仏を灰色にしたのは人格性をもった仏であるから。

人間には神に成る要素が本来備わっているから、神々を信じることによってみずからも神に成り得るという。この点で連続性があり、強い一神教の人格的な信仰というより比較的静かで非人格的な信仰になる傾向がある。

註

（1）『一念多念文意』五四三頁。
（2）『末燈鈔』六〇二頁。
（3）同、六〇二頁。
（4）同、六〇二頁。

第三章　仏教における親鸞の信仰の特徴

一口に仏教の信仰といってもその内実は多様である。本章では仮に自力系仏教と他力系仏教に分け、それぞれの信仰の特徴と親鸞の信仰の特徴とを比較し、仏教内における位置づけを試みたい。これによって世界の宗教および仏教から見た親鸞の信仰の特徴が明確になり、世界の諸宗教における彼の信仰の位置づけが可能になるはずである。

そこでまず自力系仏教の代表的な僧である明恵と道元の信仰を考察し、親鸞の信仰と比較してみたい。

第一節　自力系仏教の信仰との比較

一　明恵の信仰

明恵と親鸞はともに承安三年（一一七三）に生まれ、はげしい動乱の時代を生き、きびしい求道に徹したが、ある意味で正反対の信仰に至った。明恵は自力系仏教に徹し自力の信仰に至り、親鸞は他力系仏教に転じ、他力の信仰に至った。

二人は一人の仏教者法然を中心に、まったく異なった立場に立つことになった。明恵は最初法然の人柄に惹かれ尊敬していたが、法然の『選択本願念仏集』を読むに至って「汝はあに悪魔の使にあらざらんや[1]」とはげしく非難することになった。これに対して親鸞は、「たとい、法然聖人にすかされまいらせて、念仏して地獄におちたりとも、さらに後悔すべからずそうろう[2]」と表明することになった。

また明恵は生涯、僧としての立場を堅持し、「人は阿留辺幾夜宇和《あるべきやうわ》と云ふ七文字を持《たも》つべきなり。僧は僧のあるべき様、俗は俗のあるべき様なり[3]」といっている。これに対し親鸞は周知のように「非僧非俗」といい、僧であることを拒否している。ということは、二人の至った信仰にも大きな相違があると推察させることになる。そこでまず明恵の仏陀（明恵も道元も信仰対象は複数であるので一応仏陀と表記する）観・人間観・信仰観を、順に検討することにする。

仏陀観

明恵は建暦《けんりやく》二年（一二一二）、法然の『選択集』を破邪するべく『摧邪輪』を書くが、その冒頭に、自分は「年来、聖人において、深く仰信《ごうしん》を懐《いだ》けり」と述べ、それまで法然を信頼してきたが、「しかるに、近日この選択集を披閲するに、悲嘆甚だ深し[4]」と吐露する。法然の人柄と著作の内容に隔たりがあることに気づき、これに驚き、悲しみをもって以下反論するというのだ。

そしてまず、法然がその『選択集』で犯した二つの大きな過ち、すなわち「一は、菩提心《ぼだいしん》を撥去《はっきょ》する過失」、「二は、聖道門を以て群賊に譬ふる過失[5]」を犯していると指摘し、具体的に十三の過ちをあげ、非難する。

第一の菩提心をないがしろにする過失とは、法然が念仏以外の観想などを捨て去り、いわば仏教の通念であり通規である菩提心までも否定してしまった過失であり、釈迦の最も基本的な教えに反するというのである。もとより明恵は念仏を否定するものではないが、法然は念仏のみをとりあげ、その意味を曲解し、そのうえ悟りを求める菩提心は念仏を抑えるとまでいうと非難するのである。

第二の聖道門を群賊にたとえる過失とは、念仏をさまたげる異見の者を善導はいわゆる二河白道のたとえで群賊としたが、法然はこれを聖道門全体に拡大解釈してしまったというものだ。明恵はこのような観点から善導を中心に浄土門の諸師の著作もあげ、鋭くその過ちを論証しようとする。

しかし今ここで問題にしたい点は、法然が『選択集』に「往生之業念仏為先」として念仏を先としたのに対し、なぜ明恵は菩提心をもって先とし、法然を批判しようとしたのか、つまりその発想の違いの根底を問いたいのである。

法然は『黒谷上人《くろだにしょうにん》語《ご》燈録《とうろく》』で告白している。「ヲヨソ仏教オホシトイヘトモ。詮スルトコロ戒定慧ノ三学ヲハスギズ。……シカルニワガコノ身ハ。戒行ニヲイテ一戒ヲモタモタズ。禅定ニヲイテ一モコレヲエス。智慧ニヲイテ断惑証果ノ正智ヲエス……カナシキカナカナシキカナイカカセンイカカセンココニワガゴトキハ。スデニ戒定慧ノ三学ノウツハモノニアラズ。コノ三学ノ外ニワガ心ニ相応スル法門アリヤ。ワカ身ニタヘタル修行ヤアルト」[6]。彼においては、三学を保てない自己、悪業煩悩の絆を断てず生死繋縛の状態を解脱できない自己を悲しみ、自分の心にふさわしい法門を求めるところに発想の基盤があり、僧である本道の三学を捨て、善導の『観経疏《かんぎょうしょ》』に出会って救いを確信したまさにその信仰体験からすべてが語られ、書かれるのである。

これに対して明恵は、法然の『選択集』に対して次のように述べている。「今聖教《しょうぎょう》によってこの集の宗要を撿察するに、大いに法印に違背し、邪道に相《あい》順ぜり……哀なるかなや、悲しきかなや。日月矢のごとくに走つてわが短命を奪ふ。まさに頭燃《ずねん》を救つて解脱《げだつ》を求むべし」[7]。この文によれば、明恵は聖教によって『選択集』の宗要を吟味すると三法印など仏教の基本の教理に違背するから、これを邪道とするべきであるというのだ。明恵にとっては日月が修行すべき短命を奪うことが悲しいことであり、寸暇を惜しんで解脱を求めることに関心が集約されているのである。法然においては救いに全関心が置かれ、明恵においては解脱に関心のすべてが集約されているのである。

では解脱に全関心を向ける明恵にとって、仏とはどのような存在であり、どのような仏陀観をもつことになったのだろうか。「答ふ。一切の諸仏、発菩提心を勧むることは、我、菩提心によつて正覚を成ずるが故に、衆生もまた菩提心なくは、成仏すべからざるが故なり」[8]という。一切の諸仏が菩提心をおこすことを勧めているのは、この菩提心によって正覚すなわち正しい悟りを開くことができるからだというのである。菩提心がなければ仏に成ることはできないというのだ。ここに世界の他の宗教に比較して仏教の特徴である仏に成るという見方、すなわち菩提心をおこし正覚を得れば仏に成るという通仏教的な仏陀観があり、明恵がその立場に立っていることがわかる。あくまでも彼においては菩提心をおこし、悟りを開き、仏に成らねばならないのだ。

明恵にとっては、阿弥陀如来も菩提心をおこして成仏したのだから、菩提心をないがしろにする法然は阿弥陀仏の菩提心をも妨礙《ぼうげ》（妨害）することになるというのである。「悲しきかなや、汝、ただ菩提を愛楽せざるのみにあらず、反《かえ》って菩提を妨礙せり。ただ自《みずか》らこれを妨礙するのみにあらず、弥陀如来をして菩提心を妨礙せしむ。是《ここ》に知りぬ、汝は是れ往生門において大賊とすといふことを。弥陀如来の大菩提の功徳を断滅するが故に、仏子の称を仮《か》るべからず[9]」と糾弾し、法然は大賊であって仏教徒と自称することすら許されないとするのである。

以上見たことからもわかるように、明恵においては阿弥陀如来も諸仏の中の一仏であるにすぎず、救われ得ない衆生こそをやむにやまれず救い上げようとする独自な仏であるとは考えられていない。あくまで仏はすべて菩提心をおこし正覚を得た存在でなければならないのである。法蔵菩薩となって五劫《ごこう》の間思惟《しゆい》しぬき、念仏も信心も回向し回施《えせ》し、さらには逃げて行く凡夫を追いかけ、背後から抱きとめてまで信じさせようとするきわめて人格性の強い仏としてはとらえられていないと思える。ひとまずここに明恵の仏陀観を指摘しておきたい。

人間観

明恵について『古今著聞集』には、「聖教を灯明として、一塵として穢たることなし[10]」としるされている。また『沙石集』には「諸寺諸山ノ出家ノ僧侶ハ、宗カハリ、学ハ殊《こと》ナリトモ、釈子ノ風《ふう》ナレバ、先《まづ》戒儀ニヨリテ剃髪染衣《ていはつぜんえ》ノ形トナラバ、欲ヲステ愛ヲタチ、五衆《ごしゅ》ノ位ヲワキマヘ、三学ノ行ヲ専《もは》ラニスベキニ、頭《かみ》ヲソレ共欲ヲソラズ……コレ出家ノアルベキ様ヲワキマヘズ[11]」と述べられ、僧のあるべき様を強調した明恵が称賛されている。

さらに『元亨釈書』には、明恵の言葉を引き「嘗て曰く『我国は恵学の者多くして定修の人希なり。故を以て学者、証道の門を開く、是れ我が大患にして澆季の弊なり』と。便ち北峯の嵒窟《がんくつ》に於て一宇を構へて禅宴思惟し、五門禅要・達磨多羅禅経等を以て心術となす[12]」と述べられている。

また宇井伯寿は「学博く徳高く、一世の師表[13]」、辻善之助は「無垢で、純潔で、天真で極めて自然の人[14]」「教律厳正で、名利を厭ひ、心操高潔で、塵外に超然とし[15]」、橋川正は「持戒頗る厳重[16]」と彼の人格の特徴を指摘している。さらに赤松俊秀は「上人の和歌が天真流露、真にその人格の反映と考へられる[17]」、湯浅泰雄は「澄明な人格[18]」であったとしている。おおむね俗塵を捨て、研学をもとにして持戒堅固、心の純粋を求め心操高潔な人柄であったと考えられている。

では親鸞が妻帯し非僧を旨として生涯愛欲の広海、名利の太山の中に人間の赤裸々な姿を見、そこに人間観を考えたのに対し、このように生きた明恵はどのように人間を見、どのような人間観をもったのだろうか。

右のように生きた明恵は煩悩に犯される自己を嫌悪して仏に帰依するというよりは、煩悩うずまく俗塵の世界を去り、ひたすら心の純化、浄化を求めるタイプの人であり、そのようなことが人間には可能であるという人間観に立っていたと思われるが、ここでは彼の青年期の生き方をたどり、その人間観を見てみたい。ちょうど同じ時期、親鸞は聖域比叡山で心の純化に徹し切れず、煩悩に苦しんでいたのであるが。

明恵は養和《ようわ》元年（一一八一）神護寺に入り、「倶舎頌《くしやじゆ》」を受け、密教を修学する。『華厳五教章』を受学し、『悉曇《しつたん》字記』などを学ぶが、まず注意しておきたいのは、入山の際に鳴滝という河を渡るに「馬立ち留りて水を飲まむとするを、手綱《たづな》を少し引きたれば、歩々《あゆむあゆむ》水を飲むを見て思ふ様は、畜生とて拙《つたな》き者だにも、人の心を知りて、行くとこそ思ふらめ、留らずして、歩みながら水を飲むらめ[19]」と伝記にしるされている点である。

明恵が両親や動物、自然物に対して深く憐れみの心を寄せたことはよく知られている。親鸞にはこのような話はあまりない。私見によれば、明恵には幼少の頃から悉有仏性《しつうぶつしよう》的な素養と同時に豊かで深い情緒性があったと思われる。そして十三歳の頃から、捨身《しやしん》の思いが強くなった。「十三歳の時、心に思はく、今は早《はや》十三に成りぬ。既に年老いたり。死なん事近づきぬらん。老少不定《ふぢやう》の習ひに、今まで生きたるこそ不思議なれ。……か丶る五蘊《ごうん》の身の有ればこそ、若干《そこばく》の煩ひ苦しみも有れ[20]」というものであり、事実三昧原に行って臥したという。「十三歳」「老いたり」「五蘊の身」「煩ひ苦しみ」「捨身の思い」という自覚の仕方は、若さということを考慮に入れても、かなりはげしく急絡的なところがあるのではないか。

「この直情的な思考と行動への急絡は、明恵の行動形態の原型を示す[21]」ともいわれ、「明らかに、明恵における武士の血を嗅ぎとることができる[22]」とも解釈されているが、これを宗教の場において考えるとき、仏教の教説をそのまま自分の身に引き当て、これを観念的図式的に考え解決しようとする傾向が非常に強いのではないか。親鸞が五蘊の身も含めてわが身の煩悩の姿を反芻し、執拗なまでに省察していくのに比較し、これを即座に捨身に結びつける発想は、教理を自分の観念内で図式化、理想化し自己の身を捨てて純粋な聖性に志向しようとする傾向が考えられるのである。煩悩にもだえるのではなく、聖性に進むべきであるし、進み得ると早くから考えていたと思える点に注意したい。ここに彼の人間観の原点があると思えるのである。意識の観念的純化、人間性の消去、空化の努力によって仏に近づけるという彼の人間観がこの頃からすでに形成しはじめられていると考えられる。この点についてもう少し考えてみよう。

十六歳で出家し、東大寺戒壇院にて具足戒を受け、倶舎論を学び、十八歳で文覚から十八道伝授、十九歳で興然に従って金剛界の灌頂《かんじょう》を受け、胎蔵界および護摩を伝えた。しかし建久四年（一一九三）、「華厳宗興隆の為に公請《くじやう》つとむべき評定《ひやうぢやう》あり。学党雌雄の諍《あらそ》ひ、……高雄を出でて、衆中を辞して紀州に下向す。其の時詠じ給ひける、山寺は法師くさくて居たからず心清くはくそふくにても[23]」と伝記に見える。学閥の争いに巻きこまれ、俗欲の強い僧たちに嫌悪感を感じ、高雄の山を出て紀州に向かったが、このときの歌によれば、心清くいられるなら、便所の掃除をしていてもよいというのだ。

いかに心の清浄を願おうとしたかということでもあるが、僧たちから離れれば心を清浄にすることができると考えていたことでもある。本来人間は清浄であるという人間観をもっていたからではないだろうか。

紀州下向後、まず白上の峰に草庵を建て、約十年間故郷の山野を転々とし、三学を基礎として実践に励んだ。自然を友とし、自然に溶けこみ、歌を通して仏法を味わおうとした。まずこの自然観を問題にしたいが、親鸞においては自然描写は少なく、自然と自己の宗教体験を結びつけることはほとんどなかった。これは何を意味するか。

『梅尾明恵上人遺訓』には、「只心を一にし、志を全うして、徒らに過す時節なく、仏道修行を励むより外には、法師の役はなき事也。其物《それ》くさくは、軈て衣服《えぶく》を脱ぎ替へ、俗にぞ成るべき。法師にては中々大きに罪深かるべし。凡《およ》そ仏道修行には、何の具足も入らぬ也。松風に睡《ねむ》りを覚まし、朗月を友として、究め来り究め去るより外の事なし。又、独り場内床下に心を澄まさば、何《いか》なる友かいらん」(24)。純一な仏道修行のためには、俗を捨て心を一にして志をまっとうすべきだというのである。

心を一にする、志をまっとうするということは、明恵の内面純化と菩提心観をうかがわせるが、松風、朗月という自然物を媒介にしつつ俗性を消去し、解脱に近づき得るということでもある。そのように人間を考えているのだ。一方親鸞は自然に傾倒し得ず、いよいよ内面に蔓延する煩悩に悩まされ、到底煩悩を滅ぼし、心の純一を得ることなぞできなかった。ここに人間には煩悩を滅ぼすことができないという人間観に対し、修行すること、自然に触れることによって心を澄まし、解脱し仏に成り得るという明恵の人間観が見られるのである。ということは、明恵においては人間と仏の間には連続性があり、親鸞においては連続性が断ち切られているということでもある。

信仰観

明恵には仏眼仏母尊と釈迦への強い信仰があった。しかしすでに述べたように、明恵には菩提心をおこし、自己の力によって心を純化すれば解脱することができ、やがて仏陀に成り得るはずであった。ならば、なぜこの仏母尊と釈迦への信仰が必要であったのか。極論すれば、仏に成り得るのになぜこの二つの崇拝対象をもつ必要があったのか、ということである。このように問うことは仏教においては奇異な立論かも知れない。しかし救済を説く世界の多くの宗教、特に一神教のような宗教形態からすれば、決して奇異な立論とは思えないので、このような視点から明恵の信仰観について考えてみる。

明恵は高雄修学期の後半には、多くの夢をみた。その中心が大日如来の所変として胎蔵界曼荼羅に描写される仏眼仏母尊であり、真理を見すかす仏眼を人格化したものであるが、紀州下向の際もその像を背負って行った。これはさまざまな夢想、好相から考えるとき、母と同一視され、さらに母への思慕を昇華させ、純化している特色をもっているとも思える。やがてその思慕と崇拝は強まり、二十四歳のとき「弥《いよいよ》形をやつして人間を辞し、志を堅くして如来の跡を踏まん事を思ふ」(25)と決意し、この仏眼尊の前で自分の右の耳を切り落としてしまった。この点は一見人格的な信仰の強まりを示すようであるが、人間を辞し・如来のあとを踏まん・形をやつす、という発想に注意すべきであろう。これは人間の俗性を捨て心を純化するという観念を身をもって行動に移し、その際、純化の最高の理想である如来を模範として信じるという信仰に立っていると考えられる。救済的な信仰というより理想、模範として信じる信仰である。

そして彼は仏眼尊像に次のように書きつけた。「モロトモニアワレトオボセミ仏ヨキミヨリホカニシル人モナシ　無耳法師之母御前也　哀愍我生々世々不暫離　母御前　南無母御前南無母御前　釈迦如来滅後遺法御愛子成弁紀州山中乞者敬白」。強い決意のもとに純粋な求道に徹する一面であるが、この場合の仏眼、釈迦への思慕は、「アワレ」「哀愍」「愛子」の語から考えられるように人格的で救済的な面を示しているようであるが、その根底にあるのは、遺法を伝えようとする護持の意志である。すなわち自己の俗性を自覚し救われたいというのではなく、法を守ろうとする自己の決意のために耳を切り落とし、清らかな修道者としての釈迦の姿に全関心を集約させていると解釈すべきであると思われるが、今これをインド行きの計画と関連させて考えてみる。

建仁二年（一二〇二）三十歳のとき、糸野においてインドに渡る計画について語るが、翌年正月二十六日、春日大明神の託宣によって思いとどまる。元久二年（一二〇五）三十三歳のとき、再びインドに渡る計画を立てるが中止する。もちろん渡印の計画は釈迦への思慕が強かったからであるが、その思慕の真意はどこにあったのだろうか。「高僧等の神異は不可思議にて、さて置きつ。中々志わりなきは、神通もなき人々の、命を捨て、生を軽《かろ》くして、天竺にわたり、さまぐ〵仏法を修行したる、殊に哀れに羨しく覚ゆるなり(26)」。天竺に渡り、さまざまな仏法を修行すること自体に関心が向けられている。そこには釈迦による救済を願うというよりは、天竺に行って釈迦のように、あるいは釈迦の定めた修行を生身の釈迦の前にいるような状況下で実践したいという意志が中心になっている。この意志は生涯変わらなかった。

「礼拝なんどするも、心に誠なくして、何となく礼するをば、古人、碓《からうす》の上下する礼と名づけたり。されば心に入れて、只今生身の御前に参りたる心地して、南無大恩教主釈迦牟尼如来と礼すればこそ、諸仏如来も是が為に教主と成りて、彼に応じ給へば、能礼・所礼、相順じて、功徳をも得、罪業をも滅すれ(27)」。心に誠をもち、釈迦の生身の前に参りたる心地するとき、功徳を得、罪業を滅する、というのだ。ここにおける釈迦は、罪業を滅し得ぬ衆生を救うというよりは、自己の力で心を誠にし、ひたすら礼拝させ功徳を積ませることによって罪業を滅することを教える教主なのである。

したがって「我が学道する様は、諸仏菩薩は如何《いかが》仏道をば修行し給ひけんとのみ守り居たれば、近代の学生の為には、其の益《やく》もなし(28)」ということになる。明恵においては、釈迦に限らず諸仏菩薩がいかに真剣に仏道を修行されたかだけが関心の対象になっており、救済などといった当時の関心には目を向けないといっているのである。修学二道をなすことにのみ関心が向けられているのだ。

さてこのように彼の仏眼仏母尊、釈迦、そして他の諸仏への思慕は、仏道を完成し仏と成った存在を尊敬し、理想とし模範としたいという信仰であったといえる。であれば明恵自身も仏、如来に成らねばならないが、いかにすればそれを成就できるのか。釈迦を理想とし、模範とするのなら自分も仏に成らねばならないが、いかにしてそれは可能となるのであろうか。

たとえば『華厳唯心義』に次のようにいう。「次ニ心仏及衆生是三无差別ト云ハ会シテ三无例ヲ顕ス。云ク此心仏ヲ造レハ心ト仏ト差別无シ。此心ハ凡夫ヲ造レハ心ト凡夫ト別无シ。心ヲハ所依トス。仏ト衆生トヲバ能依トス。能依所依同キカ故ニ差別无シト云也[29]」。ここに人間の「心」というものに対する強い確信と信頼がある。これは仏教本来の通念でもあるが、明恵の関心が集約されている点でもある。すなわちこの確信と信頼の強化と純化が彼の仏教観の核心であり仏教者としての生き方の目標となっているが、次の文に注目したい。

「云ク若シ人三世一切ノ仏体ヲ了知セント思ハバ。此唯心ノ道理ヲ可レ観。真理ヲ見ルハ便チ真仏ヲ見ルガ故ニ。便チ我ガ心性ヲ以テ仏体トナスヲ心造諸如来ト云也。此ノ道理ヲ悟ルニ便チ心ノ相ヲ会シテ心性ニイル。便チ仮名ヲ会シテ真実ニ入ガ故ニ。是レ我ガ心ノ上ニ如来ヲ顕スナリ。如来ト云ハ。如ハ云ク此心性也来ハ云ク観智進ミ来リテ此ノ心性ノ理ニ悟入スルナリ[30]」。彼にとって究極的には唯心の道理、心性をもって仏体となし、自分の心の上に如来を顕すことに関心があり、志向性の極があったのである。

以上見てきたように、明恵において心は自性清浄であり、同時に菩提心であった。心に煩悩しか見ることができず、菩提心もおこせないと考える法然や親鸞とは異なる道を歩くようになったのも当然であった。釈迦を信じ、わが心を信じ、そして如来と成り得ると信じて心を純化する道を歩む過程に生まれてくる信仰、それが明恵の信仰観であった。

図12　明恵の信仰

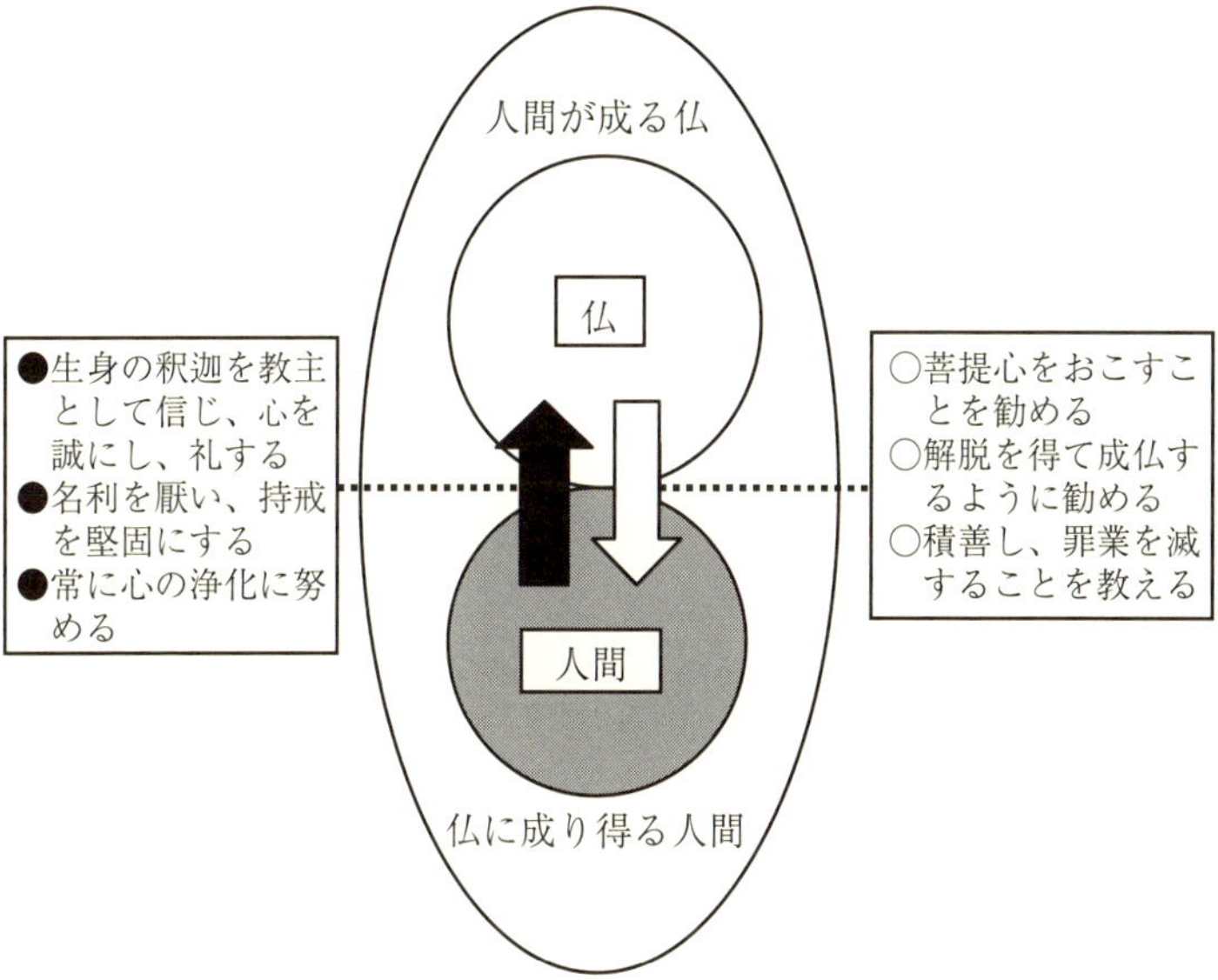

明恵の信仰の特徴…菩提心をおこし、仏を信じわが心を信じ、仏に成り得ると信じて心を純化する過程に生まれる信仰。

※人間は仏子であり仏の愛子であるという同質性、仏に成り得るという連続性の上に立つので一つの円内に入り、多神教に分類される。
※人間を灰色にしたのは、煩悩と同時に仏性ももっているから。

二　道元の信仰

仏陀観

次に自力系仏教の典型でもある道元の信仰に触れてみたいが、彼は親鸞・明恵より二十七年後に生まれ、親鸞との直接的な関わりもなかったので、歴史的な点には触れず、ただ彼の仏陀観・人間観・信仰観のみを見ることにしたい。

道元は、『正法眼蔵』で次のように述べている。大宋国福州の芙蓉山霊訓禅師が、はじめて帰宗寺の至真禅師のもとに参じ、「如何是仏《如何ならんか是れ仏》」、つまり仏とはどのようなものかとたずねたところ、至真禅師は「我向レ汝道、汝還信否《我れ汝に向って道《い》はんに、汝また信ずるや否や》」、あなたに答えるが、あなたはそれを信じるかどうか、と答えた。すると霊訓禅師は「和尚誠言、何敢不レ信《和尚の誠言《じやうごん》、何ぞ敢て信ぜざらん》」、和尚の言葉をどうして信じないはずがありましょうかといった。すると至真禅師は「即汝便是《即ち汝便《すなは》ち是《これ》なり》[31]」、あなたが仏なのだ、といったという。

ここで注目すべきは、まず霊訓禅師を仏であるとしている点である。生身の人間を仏であるというのだ。これをどう受け取ればよいのだろうか。次に和尚という、これまた生身の人間の言葉を信じるという点である。仏教においてはさしてめずらしいことではないかも知れないが、たとえば一神教のような宗教から見れば注目に値する。ここにいわゆる超越者や絶対者を信じる信仰とは異質な信仰が考えられるが、これをどう解釈すればよいのだろうか。

じつは、道元においては信仰の対象は自己心中の仏であった。自己に内蔵する本具の仏を堅く、そして深く信じることが信仰の本質であった。人間本具の仏を信じるということは、それを悟証し得た仏としての師を信じることにもなる。このためその境地に導いてくれる師を絶対的に信じ、その言葉はまさに信じるべきなのである。したがって道元においては、釈迦を信じるといっても端的に超越者、絶対者として信じるのではなく、人間本具の仏を悟証した、いわば先覚者、極端にいえば先輩、人間釈迦として信じるのである。仏と人間の間には断絶はなく、連続性があると考えられるのである。

このようにわが内なる仏を悟証した仏を信じることとは、みずから法蔵菩薩となって苦しみ、人々を救おうとした救済者阿弥陀仏を信じる信仰とは相違する面が考えられる。道元の信仰は「自己心内の仏、内在の仏」に対する信仰であり、自己心内に仏を見出せない者を救済しようとする仏に対する信仰ではない。ということは、このような仏陀観に立った道元には、親鸞とは根本的に異質な人間観があったはずである。

人間観

道元は人間を次のように見ている。「この人身心《にんしんじん》は、先世に仏法を見聞せし種子《しゅうじ》よりうけたり。公界《くがい》の調度なるがごとし」[32]。この人身も心も先の世に仏法を見聞した因縁を身につけて生まれてきた。仏法に触れた種子を受けている、というのである。それゆえこの身は仏法の世界の調度品、つまり必需品だというのである。彼においては人間は仏法の種子をもった存在であったのである。であれば、今生においてもその種子の力が働き、仏法を見聞し、それを修証できる。さらには今生に見聞し、修証したことが種子になり来世の種子ともなっていく。こう考えれば、人間は尊厳性に満ちたものであり、仏は自己心内に存在し、内在の仏であるともいえる。これはまた仏性、本証を信じることにもなる。

道元が『学道用心集』に「仏道を修行する者は、先づ須らく仏道を信ずべし。仏道を信ずる者は、須らく自己本道中《もと》に在つて、迷惑せず、妄想せず、顚倒せず、増減無く、悞謬無しといふことを信ずべし(33)」と述べたことはよく知られたことである。仏道を信じる者は、自己が本来悟りの中にあるのであって迷うことも妄想することも顚倒《てんとう》することも誤ることもない、と信じなければならないというのだ。人間各自の尊厳性をいっているのである。人間本来の尊厳性に立ち、それを確信し信じることこそが肝要であると説くのだ。ここには仏法の種子をもつ人間への信仰が説かれ、同時に自己心内の仏への信仰、内在の仏への信仰が説かれている。尊厳性に満たされた人間観がここにあるといえるが、親鸞の人間観とも大きく異なる側面があることがわかる。

信仰観

人間の尊厳性に立つ道元においては、それゆえにその尊厳性への信仰にとどまってはいられない。『弁道話』には「人みな般若《ハムニヤ》の正種《しやうシユ》ゆたかなり(34)」とあるが、それゆえに「人まさに正信修行すれば、利鈍をわかず、ひとしく得道するなり」とされるのである。仏法の種子が豊かであるからこそ、信じ修行することによって得道し得るのである。

また『正法眼蔵』には次のような表現がある。「功徳を保護《ほうご》して、得道の善根《ぜんごん》を増長《ぞうぢやう》すべきむね、これ世尊誠諦《じやうたい》の金言なり、如来出世の本懐なり。一切衆生あきらかに已今当《いこんたう》の中に信受奉行《しんじゆぶぎやう》したてまつるべし[35]」。仏道を得て大悟の善根を増し発展させるべきだというのであり、命あるものはすべて過去・現在・未来の三世にわたってこれを信じ、体験しなければならない。そして今まさに仏の金言である教えをひたむきに信じ行なうべきであるというのである。

周知のように同書の「現成公案」には「仏道をならふといふは、自己をならふ也。自己をならふといふは、自己をわするゝなり[36]」とあるが、みずからが仏の種子を受け、仏子であることを信じ、坐禅等の行に入るとき、本性それ自体の自己開顕としての端坐となっていく。坐禅するのは自分であっても、真の意味においては坐禅させられているのである。坐禅は人を包摂し、真理を現成せしめることになり、即座成仏を果たすことになる。こうして道元においては、信と行が一体となることによって仏道が完成されていく。

しかし坐禅をすることによって、自分の力で仏に成るというような形態が道元の真意ではない。坐禅をさせられることによって真理がみずから現成し、仏にせしめられるのである。そこに信と行の真の意味がある。同書「生死」に「いとふことなく、したふことなき、このときはじめて仏のこころにいる。ただし、心を以てはかることなかれ、ことばをもつていふことなかれ。ただわが身をも心をもはなちわすれて、仏のいへになげいれて、仏のかたよりおこなはれて、これにしたがひもてゆくとき、ちからをもいれず、こころをもつひやさずして、生死をはなれ、仏となる」[37]と述べられている。

まず「心を以てはかることなかれ」という点に留意したい。一般の心の次元を道元は問題にしているのではない。とすれば信心も、普通の心の次元では考えられていないことになる。元来が仏の種子を受けている自分であり、仏子である自分であり、仏の心の中にいる自分であると自覚するところに生まれる信心である。

それゆえ心身を仏に向かって投げ入れ、仏の心に溶けこんでいくとき、仏のほうから導かれ、世俗の心をついやさず、仏のほうから信じられ、生死をはじめ、一切の執着から離れしめられる。心をもってはかったり、心をついやして疑いながら信ずる世俗の信仰とは根本的に異なった信仰の意味が明らかになってくる。

さてここに至れば、罪悪深重の凡夫であると自覚する中に如来よりたまわる親鸞の信仰と、おのれを仏子と信じる道元の信仰の違いが見つかると同時に、その根底においては親鸞の信が仏のほうから開きおこされ、仏性が開顕され、浄土にて仏に成る、道元の信が仏のかたよりおこなわれ、生死を離れて仏と成る、という点で、宗教学的に見れば、ある種の共通性も見出され、親鸞が仏教の枠の中にいることもわかる。一神教の信仰や他の多神教の信仰とは異なった信仰が見出されるのではないかと考えられるが、今は以上の点のみを指摘しておきたい。

三　明恵・道元の信仰と親鸞の信仰

親鸞は『教行信証』信巻に序文を付し、次のように書きはじめるが、彼自身の信仰と自力系仏教との信仰の違いを鮮明にしている。

「それ以《おもん》みれば、信楽《しんぎょう》を獲得《ぎゃくとく》することは、如来選択《にょらいせんじゃく》の願心より発起《ほっき》す、真心《しんしん》を開闡《かいせん》することは、大《だい》聖矜哀《しょうこうあい》の善巧《ぜんぎょう》より顕彰《けんしょう》せり。しかるに末代の道俗・近世《ごんせ》の宗師、自性唯心《じしょうゆいしん》に沈《しず》みて浄土の真証を貶《へん》す、……」[38]。

この文の意味は次のようなものだ。よくよく考えてみると、「信心を得る」ということは、私の力によるのではなく、阿弥陀如来が私のためにかけてくださっている願い（本願）をいただくことによって「信心がおこされる」ことをいう。そして本当の信心が芽生えてくるのは、真実の信心など到底もてないこの無能な私を哀れみ、何とかしてこの信心を得させようとさまざまな工夫をしてくださった釈尊のお蔭である。ところが、後世の出家者も在家者も、さらには最近の諸宗の師までもが、この阿弥陀如来と釈尊の思いやりに気づかず、「仏は本来人間の中に内在するものであり、浄土は人間の心の中にあるのだ」という自性唯心の説に落ちこんでしまっている。このため自分の心を磨くことが大切であるとし、浄土に生まれさせていただいてから真実の悟りをいただくという浄土の真実の悟りを、劣ったものとけなしているのである。

自力系の仏教では、おおむね人間の心には仏性が宿り、その心は本来清浄であって仏の種子をもち、したがってその心の中に仏が内在し、内蔵されていると考えられている。人間を仏子とか愛子と呼ぶのもこれによる。このためすでに仏と成った釈尊や諸仏のいわれたことを間違いなく信じ、その実践された行をみずからも正しく実践すれば必ず仏に成り得ると確信し、自己の心を澄ませ、純化し、徹底するとき、おのずから悟りに至り、仏に成り得ると信じる信仰が生まれる。すでに考察してきた明恵や道元の信仰もこのような傾向をもっていた。それが自力系仏教における基本的な信仰であったからである。

これに対し親鸞は、人間のありのままの姿を見たとき、人間の心を清浄にするとか純化するなどということは到底不可能だと思い知らされた。比叡山で二十年間修行したにもかかわらず、愛欲の広海に沈没し、名利の太山に迷惑するおのれの姿しか見えず、もはや自分の本性が清浄であり、仏性をもつとはとても思えず、挫折に至るほかなかった。しかしこの挫折が阿弥陀如来の願心、すなわち本願に気づかせ、この願心によって信心が引きおこされ、開きおこされるということに気づかせたのである。つまり信心は如来からたまわるものであると気づいたのである。このたまわる信心に感謝して如来がすでに用意しておいた「わが名を呼べ、それが念仏である」という念仏を称えるところに新しい生き方を見出したのである。こうして信心も念仏も如来からたまわったものと気づき、ひたすら感謝する過程に生まれる信心が、彼の信仰であった。

このように自力系仏教の信仰と親鸞の信仰は大きく異なったものであるが、しかしまったく異質なものであるかというとそうでもない。たとえば親鸞も仏性を完全に否定しているわけではない。現実

図13　道元の信仰

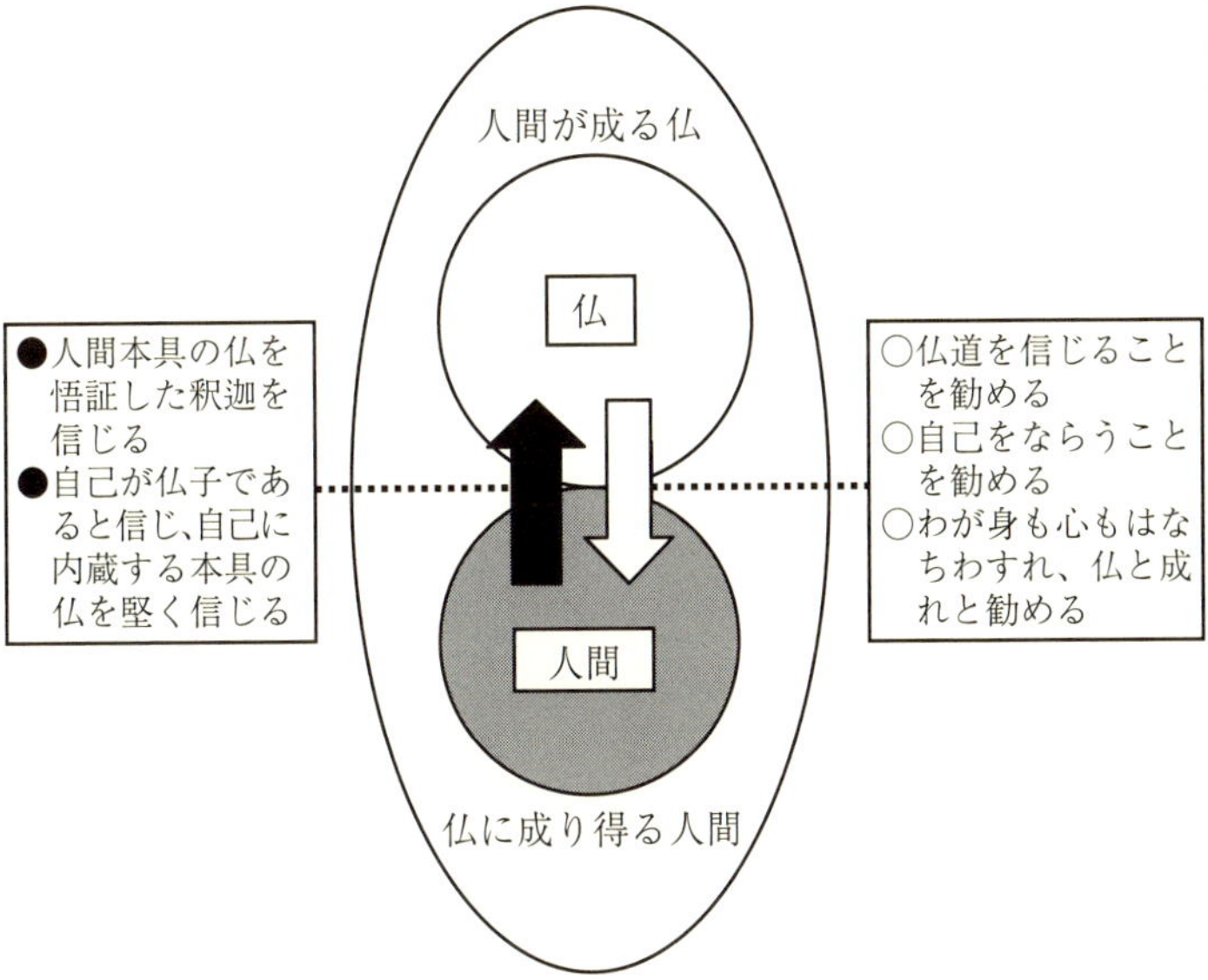
人間が成る仏
仏
人間
仏に成り得る人間
●人間本具の仏を悟証した釈迦を信じる
●自己が仏子であると信じ、自己に内蔵する本具の仏を堅く信じる
○仏道を信じることを勧める
○自己をならうことを勧める
○わが身も心もはなちわすれ、仏と成れと勧める

道元の信仰の特徴…仏を信じ、わが心を信じ、修行する者の心は仏であると信じて坐禅に励む過程に生まれる信仰。

※人間は仏子であり仏の愛子であるという仏と人間の同質性、人間は仏に成り得るという連続性の上に立つので一つの円内に入る。
※仏に成り得る存在は多いので、多神教に分類される。

の世界では仏性を磨くことなぞ不可能であっても、如来によって浄土に導かれ浄土に往生したのち、仏性を開顕され、悟りを得、仏にしていただくという見方であって、究極においては仏に成るのであるから、一神教系の宗教とは違って、やはり仏教なのである。というより、親鸞はこれが真実の仏教であると考えていたのであるが。

以上の諸点から考えるに、親鸞の信仰は一面において非常に人格的な信仰であり一神教に近い側面もある。しかしその信仰は、やがて自然法爾的な信仰になり非人格的な信仰に昇華され、浄土に往生したのち仏に成らしめられるという信仰をもつ面を考えれば、非人格的な信仰になり、多神教的な側面にも近づく。しかしこの二面が重層するところに親鸞の信仰の核心があったことを考えれば、一神教とも多神教とも距離をもつという点で両宗教形態の中間に位置して独立した特徴をもち、独自に位置づけられるあり方であると考えられる。

次に、さらに詳細にその位置を確かめるため、他力系仏教の代表者の一人である源信との比較に入りたい。

註

（1）『摧邪輪』巻上（日本思想大系15『鎌倉舊佛教』、岩波書店、一九七八）所収、八九頁。
（2）『歎異抄』六―七頁。
（3）『梅尾明恵上人遺訓』（『明恵上人集』、岩波文庫、一九八一）所収、二〇一頁。
（4）『摧邪輪』、前掲註（1）書、四四頁。

（5）同、四六頁。
（6）『黒谷上人語燈録』大正蔵第八三巻、二三六～七頁。
（7）『摧邪輪』、前掲註（1）書、四七頁。
（8）同、六七頁。
（9）同、八九頁。
（10）『古今著聞集』（日本古典文学大系84、岩波書店、一九六六）一〇一頁。
（11）『沙石集』（日本古典文学大系85、岩波書店、一九六六）一六一～二頁。
（12）『元亨釈書』巻第五（『国訳一切経』史伝部十九、大東出版社、一九六三）九六頁。
（13）宇井伯寿『日本仏教概史』（岩波書店、一九五一）九六頁。
（14）辻善之助「明恵上人」（『明恵上人と高山寺』、同朋舎出版、一九八一）所収、四頁。
（15）同、一四頁。
（16）橋川正『概説日本仏教史』（平楽寺書店、一九五五）一七八頁。
（17）赤松俊秀「歌人としての明恵上人」（『明恵上人と高山寺』、同朋舎出版、一九八一）所収、六四頁。
（18）湯浅泰雄『日本人の宗教意識』（名著刊行会、一九八一）二一一頁。
（19）『梅尾明恵上人伝記』巻上（『明恵上人集』、岩波文庫、一九八二）所収、一〇七頁。
（20）同、一〇九頁。
（21）奥田勲『明恵・遍歴と夢』（東京大学出版会、一九七八）二二頁。
（22）小西輝夫『精神医学からみた日本の高僧』（牧野出版、一九八一）七四頁。
（23）『梅尾明恵上人伝記』、前掲註（19）書、一一二～三頁。
（24）『梅尾明恵上人遺訓』前掲註（3）書、二一六頁。

(25) 『梅尾明恵上人伝記』、前掲註(19)書、一一五頁。
(26) 『梅尾明恵上人遺訓』、前掲註(3)書、二〇六頁。
(27) 同、二一四頁。
(28) 同、二〇四頁。
(29) 『華厳唯心義』(『日本大蔵経』第七四巻、鈴木学術財団、一九七六)一一八頁。
(30) 同、一二一頁。
(31) 『正法眼蔵』(日本思想大系12『道元上』、岩波書店、一九七〇)一五四頁。
(32) 同、(日本思想大系13『道元下』、岩波書店、一九七二)一九二頁。
(33) 『学道用心集』(『道元禅師語録』、岩波文庫、一九八七)所収、四三頁。
(34) 『弁道話』(日本思想大系12『道元上』)所収、三〇頁。
(35) 『正法眼蔵』、前掲註(32)書、三一一〜二頁。
(36) 同、前掲註(31)書、三六頁。
(37) 『全訳正法眼蔵』巻四(誠信書房、中村宗一、一九七二)三九八頁。
(38) 『教行信証』二一〇頁。

第二節　他力系仏教における親鸞の信仰

一　源信の信仰

平安中期の天台僧源信（九四二〜一〇一七）は『往生要集』を著わし、浄土教興隆に強い影響を与えた。親鸞も深い感化を受け、彼を七高僧の一人と呼んだ。たとえば『教行信証』行巻の「正信偈」で「源信、広く一代の教を開きて、ひとえに安養《あんにょう》に帰して、一切を勧む(1)」、つまり釈尊が一生をかけて説いてくださった教えを学ばれた結果、ひとえに浄土の教えに帰し、あらゆる人々に念仏を勧めてくださった、と讃えている。

そこで他力系仏教の信仰の一形態を示した源信をここで取りあげ、その信仰と比較することによって他力系仏教における親鸞の信仰の特徴をさらに鮮明にし、より詳細な位置づけを試みたいが、そのために主として『往生要集』における「信」の意味を考察してみる。

たとえばこの書に「明かに知んぬ、道を修するには信を以て首《はじめ》となすことを(2)」としるしているが、彼はこの「信」の語にどのような意味をこめているのだろうか。また彼のいう「信」はのちの法然や親鸞の信にどのような影響を与えたのだろうか。伝統仏教の信を法然や親鸞のような信の把握に至らせた彼の「信」の独自性を追究してみたい。

すでに指摘したように、親鸞は『教行信証』信巻で「涅槃の真因はただ信心をもてす」と述べ、行巻では「正定の因はただ信心なり」と主張した。従来の仏教では主として行が涅槃、成仏の真因とされてきたが、信心こそがその真因であるとし、独自な見方を打ち出した。伝統仏教で初門とされた「信」を、涅槃、成仏の真因とまでするに至った親鸞に、では源信はどのような影響を与えたのだろうか。このような側面から源信のいう独自な「信」の意味を考えてみたいのである。

ところで『往生要集』における「信」の特徴を、彼の阿弥陀仏観や人間観、念仏観などを軸にして調べていくと、彼の信の中にも一見相反するような二面性、すなわちきわめて人格的な面と非人格的な面が同時に内在しているように思えるのであるが、実はこの二面性があること自体に彼のいう独自な「信」の意味と性格、およびのちに法然や親鸞に与えた影響を解明する糸口があると私は考えているのである。

たとえば源信は、自分を指して「利智精進《しようじん》の人は、いまだ難《かた》しと為さざらんも、予《よ》が如き頑魯《がんろ》の者、あに敢《あえ》てせんや(3)」、すなわち智恵の力にすぐれ精進に励む人は修行も困難だとは思わないだろうが、私のような頑迷で愚かな者はどうして修行に堪えこれを自分のものにすることができるのだろうか、と告白しているのである。そして善導の「自身はこれ煩悩を具足せる凡夫《ぼんぶ》、善根《ぜんごん》薄少にして三界《さんがい》に流転《るてん》し、いまだ火宅《かたく》を出でず(4)」の文を引用し、阿弥陀仏を「我を哀愍《あいみん》して(5)」「倦《ものう》きことなくして、常にわが身を照したまふ(6)」仏として仰ぐ。さらには念仏を、「念仏の衆生を摂取して捨て(7)」ざる阿弥陀仏への念仏としてとらえる面がある。そして三心中の特に「深信」に彼の信の意味を見出していくが、このような態度には人格的な信仰の形態が濃厚に存在すると考えられ、法然や親鸞に深い影響を与えることになったと思える。すなわち阿弥陀仏を人格的な存在としてとらえ、その阿弥陀仏との人格的な交わりの中に仏や人間、念仏や信の意味を問い求めていく態度が存在すると考えられるのである。

しかし同時に次のような側面が見られる。『観仏三昧経』から引用して、「能礼《のうらい》・所礼《しょらい》、性空寂《しょうくうじゃく》なり自身・他身、体無二《たいむに》なり」[8]という。能礼とは礼拝するもの、すなわち人、所礼とは礼拝されるもの、すなわち仏であるが、これらの性は空寂であり、自身と他身の体は二つではなく一つだというのである。このような面には、阿弥陀仏と人間を非人格的に考え、根本的には一体と見、人格性を消去する非人格的な発想に立つ面が見られるのである。

かりに宗教学的な立場から見た場合、先の一面が一神教的人格的な信仰に近いのに対し、のちの一面はむしろ多神教的、非人格的な信仰に近いのではないかと考えられるのである。このようなあり方においては、念仏についても帰依に徹した念仏という面と、観想念仏、理観の念仏といった非人格的な念仏、また信についても人格的な信仰と、これを浄化、昇華していく非人格的な信仰の両面が並行しているように見えるのである。

天台教学あるいは浄土教学からすれば、このような点を問題にすること自体が戯論であるかも知れないが、宗教学的な立場からすれば、このような二面的な態度は興味を引くものである。たとえば法然や親鸞に至ると人格的な面に彼らの全関心が集約されていくのであるが、源信においてはこのような二面を同時に並行的に深め、徹底させていくところに特徴があるように思えるからだ。よく源信の信の態度を指し、否定のない信仰であるとか両面の調和を求めている、あるいは両面が渾然一体的、混淆的であるといわれることがあるが、このような見方は法然や親鸞の信の形態を前提にした見方であって、源信の信をよく理解したうえでの見方であるとはいえない。したがってここではこの両面から彼の阿弥陀仏観・人間観・信仰観の順に考察し、彼の見方に内在する特徴を検討してみたい。

阿弥陀仏観

まず彼の阿弥陀仏観であるが、たとえば「一心に帰命《きみょう》して五体《ごたい》を地に投げ、遙かに西方《さいほう》の阿弥陀仏を礼したてまつるなり。多少を論ぜざるも、ただ誠心《じょうしん》を用てせよ[9]」と述べている。このような源信の心情内には、阿弥陀仏と人間がひたむきな「帰命」、「誠心」によって結ばれる人格的な交わりが中心になっており、次のような思いがある。たとえば『華厳経』から「一々の地獄の中にも　無量劫《むりょうごう》を経ん　衆生を度《ど》せんが為の故に　しかも能くこの苦を忍びたまふ[10]」と引用するが、人々を救うために仏みずからが永劫の間、苦を忍んでくださっていると感じ、心を惹かれているのである。また『涅槃経』からは「一切衆生の、異《い》の苦を受くるを、悉くこれ如来一人苦しみたまふ[11]」と引用するが、すべての人々のそれぞれの苦しみを仏は一緒になって苦しんでくださっていると感謝している。すなわち衆生を「度せん」とし、仏みずからが苦しみを「忍びたまふ」ていると源信みずからが感じ、また一切衆生の苦しみを仏がみずから「一人苦しみたまふ」と感じるきわめて濃厚な人格的態度がその基盤になっていると考えられる面である。仏みずからの働きかけに主眼がすえられている面である。

しかし同時に源信においては、先にも指摘したように「能礼・所礼、性空寂なり　自身・他身、体無二なり」という面がある。人も仏も性は空寂であって、体は二なしとされる面である。すなわち一面で阿弥陀仏がきわめて人格的な救済者として仰がれていながら、同時に仏と人が一体無二、一体不二、つまり連続するものとしてとらえられ、その人格性が消去されているのである。このような見方の奥には、『摩訶止観』の常行三昧についての記述中の「色身に貪著せず、法身にも亦著せず、善く一切の法永く寂なること虚空の如しと知る」[12]という見方が内在すると思えるが、かりに源信の阿弥陀仏観を形の上から見た場合、少なくともこのような二面性と思えるあり方が考えられる。この点も彼の「信」の特徴に関係する。

ついでながら、ここで阿弥陀仏観と深い関係をもつ念仏についても触れておきたいが、次のように述べられる。「往生の業《ごう》には念仏を本となす。その念仏の心は、必ずすべからく理《り》の如くすべし。故に深く信ずると、誠を致すと、常に念ずるとの三事を具す。……業は願に由りて転ず。故に願の随に往生すと云ふなり」[13]とされているが、深く信じる（深信）、誠を至す（至誠）、常に念ずる（常念）ことを重視し、願によって仏と人間の積極的な応答が基盤とされる人格的な念仏を説く面がまず考えられる。いわゆる諸法実相空を証得することよりも、阿弥陀仏の人格的な働きかけを仰ぎ、念仏するという思いがある。ここにはすでに述べたように「念仏の衆生を摂取して捨てず。我もまたかの摂取の中にあり。煩悩、眼を障へて、見ることあたはずといへども、大悲、倦きことなくして、常にわが身を照したまふ」という確信があったはずである。摂取不捨、大悲といった人格的な発想を基盤にする念仏の背景がここに考えられるのだ。

しかし同時に、源信の念仏においては次のような面がある。たとえば平常の念仏を四種に分け、その「四には無相業《むそうごう》。謂く、仏を称念し浄土を欣求《ごんぐ》すといへども、しかも身土は即ち畢竟空《ひっきょうくう》にして、幻の如く夢の如く、体《たい》に即して空《くう》なり、空なりといへども、しかも有《う》なり、有にあらず空にあらずと観じて、この無二に通達し、真に第一義に入るなり。これを無相業と名づく。これ最上の三昧なり(14)」とし、空の理を観ずる理観念仏をもって最上のものとする。すなわち仏と衆生の間に成立する人格的な念仏というよりも、非人格的な意味をその基盤にもつ理観念仏が考えられているのである。このように念仏についても、阿弥陀仏観と同様に二面性が見られるのであるが、このことはまた阿弥陀仏観に二面性があることを裏づけることにもなる。

人間観

次に源信の人間観についてであるが、すでに述べたように利智精進の人に対して彼は深く内省し、自分を頑魯の者、暗愚の者と呼んだ。これは法然の「愚痴の法然房」、親鸞の「愚禿」の自覚と呼称に通じる一面もあるが、同時に次のような表現がその源信にあるという点に留意したいと思う。「わが所有の三道《さんどう》と、弥陀仏の万徳と、本来空寂にして一体無碍《むげ》なり(15)」とされる点である。つまり自己がもっている三悪道（地獄道・餓鬼道・畜生道）に堕ちる罪も、阿弥陀仏のあらゆる徳も、それとしては本来むなしい空なるものであり、同じものであってさえぎるものではないととらえる態度が存在する点、またこれに対する確信が彼の内に存在していたという点である。

ここにまず源信の人間観に対する発想の基盤とその特徴が見出されるのではないか。つまり一面で頑魯であり暗愚であり煩悩具足する凡夫であると人間をとらえつつも、同時にその人間の根底においては仏と一体無碍、一体不二であると確信できるあり方である。このような見方は、天台実相論的な論理からすればある意味で必然的であるかも知れないが、今かりにたとえば宗教学的な観点からすれば、このような二面が同時に同一主体である源信にあって並行しつつ両立することは独自な見方であると思えるのである。この独自性は独自な信仰の形態を生むことにもなるはずである。

信仰観

信仰観を見ても、やはり二面性が考えられる。たとえば『往生要集』には、「仏意、測《はか》り難し、ただ仰信《ごうしん》すべし[16]」と述べている。親鸞にも通じるが、測りがたいといっても仏意すなわち仏の本意、意志、心に強く関心を向けていく点に注意したい。そしてこのように仰信すなわち仰ぎ信じるという意味での信を指摘する点にも注目したい。仏への人格的な交わりを基盤とする信仰が存在すると考えられるのである。

また「もし深信《じんしん》なくして疑念を生ずる者は、終《つい》に往生せざるや」と問い、「もし仏智《ぶっち》を疑ふといへども、しかもなほかの土《ど》を願ひ、かの業を修する者は、また往生することを得。……仏の智慧を疑ふ罪は悪道に当れり。しかも願の随《まま》に往生するは、これ仏の悲願の力なり(17)」と答えている。つまり仏の智恵を疑う者であっても浄土に往生できるのは仏の悲願の力によるというのであって、この仏意から発する悲願によって仏のほうから往生させていただける、という人格性を基盤にしたあり方に注目したいのである。

さらに源信作とされる『横川《よかわ》法語』には、「信心あさくとも本願ふかきがゆゑに。頼ばかならず往生す。……此ゆゑに本願にあふ事をよろこぶべし(18)」と述べられている。人間の信心が浅くても本願はもっと深いものだというのである。人間の機能の一つである信心をはるかに超えた仏の願いがあるというのだ。仏のほうからの本願、悲願が先行し、これに出会うところに真の信心の意味と喜びを見出す態度があり、ここにも彼のいう人格的な信の特徴の一側面が見られる。

しかしこのような人格的な信仰の形態を見せながらも、同時に次のような側面が見られる点に注目したい。「幾《いく》ばくの因縁を以てか、かの国に生るることを得る」と問い、「経に依りてこれを案ずるに、四の因縁を具す。一には自らの善根の因力、二には自らの願求の因力、三には弥陀の本願の縁、四には衆聖の助念の縁なり(19)」と答える点だ。つまりどれほどの因縁があれば浄土に生まれることができるのかと自問し、第一にはみずからの善根（自分が蓄えた功徳の種子）、第二にはみずからの願求（浄土に生まれたいと思う自分の願い）、この二つが直接の原因になり、第三に阿弥陀仏の本願、第四に諸菩薩の助念（諸菩薩が一緒に念仏してくれること）、この二つが間接的な縁となる、と答えるのである。

図14　源信の信仰と親鸞の信仰

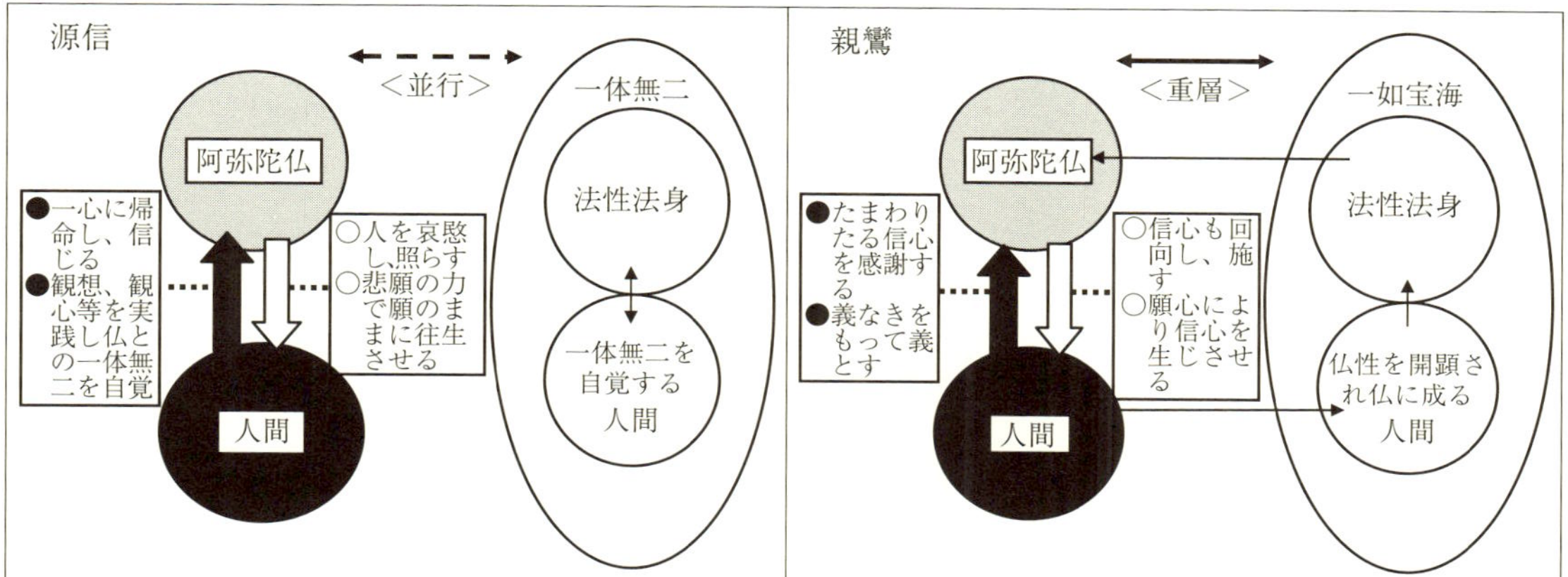

源信の信仰の特徴…人を哀愍する仏を一心に信じると同時に、仏との一体無二を自覚し確信するところに生まれる信仰。

※頑魯の身であっても、一心に仏に帰命すれば往生できるとする他力的な面と、観想・観心等の実践によって仏との一体無二を自覚できるとする自力的な面が並行し、自力性を残す。

親鸞の信仰の特徴…信心も仏により回向され、たまわりたる信心であることに気づき、感謝するところに生まれる信仰。

※愚禿の身であっても、仏から回向された信心をたまわり、感謝することによってのみ仏性を開かれ仏に成らせていただくという。よって仏の力により二面の重層が可能になり、絶対他力の信仰形態となる。

これによれば、「善根の因力」「願求の因力」が主であり、弥陀の本願は必ずしも絶対的な前提とはなっていない。すなわち本願力は縁であって因ではないと理解されている。であれば、弥陀の本願によって回向された信心、如来よりたまわりたる信心を前提とする親鸞の信とは異なった信の基盤も考えられる。一面では仏意に強く関心を集約し、悲願の力を信じることを力説しつつ、しかし他面でみずからの善根と願求を直接の因力とし、阿弥陀仏の本願を縁として位置づけるのである。ここにまた二面性が考えられる。すなわち仏の悲願に結ばれる人格的な側面の強い信と、みずからの善なる行為という理念、概念を媒介とする非人格的な信との二面があり、並行しているように考えられるのである。

ではこのような二面が並行する信仰は、親鸞の信仰と比較してどのような特徴をもつものとなるのか、逆に親鸞の信仰はこのような源信の信仰に比較してどのような特徴をもち、他力系仏教の中でどのように位置づけられるべきかを最後に考えてみたい。

二　源信の信仰と親鸞の信仰

私見によれば、源信は阿弥陀仏の本願に照護され、加護され、弥陀本誓の力を仰ぎつつも、自己の菩提心、自善根、自願求を強め、浄化し、昇華していこうとしたのではないだろうか。そこに彼の思いの核心があったのではないかと私は考える。すなわち阿弥陀仏の本願力へのひたむきな仰信の信に支えられつつ、しかも仏との一体無二、一体不二を確信する信を深め、法界無差別の心性に達することにも彼の目的があったのではないかと思えるのである。つまり仏教の中の他力的、浄土教的な側面と伝統的な自力系仏教を統合しようとしたのではないか、このような目的があったために阿弥陀仏観・念仏観・人間観などにおいても常に二面的な側面を見せることになったのではないかと私は考える。親鸞の二面性には他力における二重性があったのに対し、源信の二面性には他力的な人格性と自力的な非人格性を統合しようとする二面性があったのではないかと思えるのである。

利智精進の人々に対し、深く頑魯の者、煩悩具足する凡夫であると自覚する源信においては、端的に仏と一体無二の境地に至ることは困難でもあった。しかしその困難さが、じつは阿弥陀仏の願心に気づかせ、本願への信を見出させ、誠心に満ちた深信の意味を重視させた。そして、この信に支えられて無差別の心性に到達すべき確信が得られていったのではないだろうか。彼の中にあっては頑魯の者であるという思いと仏との一体無二の確信は別のものではなかった。頑魯の者であるという自覚は仏によって救われる者となることであり、救われる者となって仏と一体無二となるべく精進しようとしたと思われるのである。

言い換えれば、煩悩に縛られた頑魯としての自分が自覚されるときには、頑魯なるがゆえにきわめて強い人格的な仏の願にうながされ深い仰信としての信を得、他方でその信に動かされ観想・観心の深みから一体無二が確証されていくときには因としての善根、菩提心に由来するいわば浄信（すでに述べたような仏教における初門としての信が、積善、修善によって深められ浄められていく場合の信を一応このように私は呼んでおきたい）ともいうべき信の自覚となっていく両面が源信の信仰体験内において並行的に展開されていたと思われるのだ。したがって、源信がどこに視点を置くかによって、この両面がそれぞれの性格を現わすのであり、一見二面的であると見えるのも、仰信的な人格的な信と一体無二を自覚する非人格的な浄信的な信の間に常に動きを見せる信の性格によるのであると考えられるのである。しかし留意すべきは、仰信するという人格的な信仰は他力的であるが、非人格的な観想、善根によって一体無二を自覚していく側面には自力的な要素があるといわざるを得ない点である。

これに対して親鸞は六角堂夢告や法然との出会いの時点で、従来の伝統仏教における非人格的な信をすべて否定した。煩悩に縛られた凡夫には浄らかな信など到底もち得ないものであった。そこに彼の挫折があったのだ。この挫折によって徹底的な阿弥陀仏への帰依、帰命によって信すらも阿弥陀仏から回向されるという信仰に至ったのである。菩提心も善根もすべて不可能として否定せざるを得なかった。その時点で非人格的な世界、自力の世界を全否定し、離れ去ったのであるが、源信は阿弥陀仏の本願への人格的な信に包まれつつ、自善根、自願求を因とし菩提心が浄化され浄信となっていくと信じ得たのである。すなわち人格的な信に包まれつつ、称念・観想・観心を通して自身の菩提心を浄化し得るという非人格的な信を同時に深めていったのである。

角度を変えていえば、必ずしも人格性を基盤としない伝統的な仏教における解行証に入るべき初門としての信が、阿弥陀仏の悲願、本願の意を汲んで「本願にあふ事をよろこぶべし」という人格的な信と統合され、二面がともに深められていくという形態となっていったと思われるのである。自心を観じつつ仏の加護、本願の力を仰ぎ、これを仰ぎつつ凡夫の自心を浄化し法界無差別の心性に至るというものであって、ここに他力を基盤としつつ自力をも内包していく源信の信仰の形態を見るものである。

これに対して親鸞は、自力を内包するのではなく完全に否定した、いわば絶対他力の信仰に立ち、一旦はまったく人格的な信仰のみの立場に立った。そののち一見非人格的であるともいえる自然法爾の信仰に至ったのであるが、親鸞の場合には非人格的な世界を完全否定した全人格的な世界を経て非人格の世界に回帰したのである。すべてを阿弥陀仏に任せ切ったうえでの非人格的自然法爾の世界だったのである。自力を内包した他力の源信と、他力を徹して自力・他力の双方を超えて絶対他力の自然法爾に至った親鸞の信仰では相違があるといわざるを得ない。つまり他力性と自力性が並行しながら一つになっている源信の信仰に対して、自力性と他力性の区別がまったく超えられた絶対他力から生まれた親鸞の信仰では、類似性が認められつつも相違があるといわざるを得ないのである。

以上、さまざまな角度から親鸞の信仰について検討してきたが、これを世界の宗教という場から見た場合、親鸞の信仰は人格的な面と非人格的な二面が二重性として重層している点で一神教と多神教の中間的な場に位置づけられるべきであり、仏教においてもこの二重性があるという点で自力的な仏教とも、仏教であるという点で類似する面も見せながら、やはり異なる特徴をもつ。さらに同じ他力的な仏教においてもこの二面が並行する源信的な他力とは、類似性を示しながらも異なる。親鸞においてはこの二面が並行するのではなく、「義なきを義とすということは、なお義のあるになるべし」

図15　世界の宗教から見た親鸞の信仰の特徴と位置づけ

一神教・多神教	一神教	多神教			
……	ユダヤ教・キリスト教・イスラム教など	仏教（諸仏・諸菩薩を信仰対象にするので多神教に入る）。親鸞は阿弥陀仏一仏を信じ、一神教的な傾向が強いが、釈迦仏・観音菩薩への信仰も認められるので、宗教学的には一応多神教の範疇に入る。			その他の多神教（古代ギリシアの宗教・ヒンドゥー教・道教・神道など多数）
		他力系		自力系	
		親鸞	源信…	明恵・道元…	
信仰の人格性・非人格性から見た特徴	神は全知全能の唯一神で、圧倒的に強い人格性をもつ。人間はおおむね罪人・悪人としてとらえられるため、強い人格的な信仰による救済の形をとる。	阿弥陀仏は本来は法性法身で非人格的な存在であったが、人の救済のため方便法身の身になった。このため阿弥陀仏への信仰は強い人格性をもつが、信仰を得た後は方便の意味に気づき非人格的な信仰に昇華されていく。	阿弥陀仏への人格的な信仰と同時に、伝統仏教にもとづいた観想や観心などによって仏との一体無二を自覚することも重視するため、人格的な信仰と非人格的な信仰が並行している。	人間には仏の種子が内蔵されているという見方であり、それを徹底して自覚するところに重点が置かれるため、信仰も人格的な側面は希薄であり、非人格性が強い。	神は人間が成るもの・合一し一体化するもの・あるいはそのまま人間は神であるという見方にもとづくため、人格的な神の力で一方的に救済されるという形はとらない。非人格的な信仰が基本になる。
仏（神）と人間の間の関係性（連続性・非連続性）から見た特徴	人間が神に成ることはあり得ず、両者の間に連続性はない。圧倒的に強い超自然的な神の救済力によって非連続性を超えるほかない。	信仰を得る段階までは、仏と自己の間には断絶しかないが、信仰を得てからは仏によって仏に成らしめられるため連続性が取り戻される。	一面で断絶性が認められるが、他面で仏と一体無二となり得るという思いがあるので、非連続の意識と連続の意識が並行し、自力性も見られる。	仏と人の間には、仏の種子・仏性を絆とした同質性があるので、連続性がある。その自覚の徹底に信仰の意味が見られる。	神と人の間には何らかの同質性があり、連続性があるため、信仰の目的は神との合一や一体化を成し遂げることにある。

という信仰の境地において超えられてしまうのである。したがって他力の中でも自力的な仏教から最も離れた場に位置を占めることになる。

では、他力性の強い一神教に近いかというと、非人格的な法性法身への信仰に昇華される信仰であるという点で一神教とは明らかに相違し、区別されなければならない。このような微妙な信仰を図式化することはきわめて困難であるというほかないが、かりに以上の考察を図式化してみると図15のようにまとめられると思う。

この図を一つの指針として今後さらに詳細に考察を進めたいと思っている。

註

(1)『教行信証』二〇七頁。
(2)『往生要集』(日本思想大系6『源信』、岩波書店、一九八五)一四七頁。
(3) 同、一〇頁。
(4) 同、一四七頁。
(5) 同、一八四頁。
(6) 同、一三四頁。
(7) 同、一三四頁。
(8) 同、八七頁。
(9) 同、八七頁。
(10) 同、一六五頁。

(11) 同、一六五頁。
(12) 『摩訶止観』(『国訳一切経』諸宗部三、大東出版社、一九三五)五二頁。
(13) 『往生要集』、前掲註(2)書、一九四~五頁。
(14) 同、二七九~八〇頁。
(15) 同、一三三頁。
(16) 同、七九頁。
(17) 同、三〇九~一〇頁。
(18) 『法語』(大日本佛教全書31『往生要集外二十四部』、名著普及会、一九七八)所収、一頁。
(19) 『往生要集』、前掲註(2)書、二八四頁。

あとがき

本書を書き終え、新たに気づいたことは、親鸞の信仰には一見相反し矛盾するかのような二面、すなわち一面で熱い人格的な信仰、他面で静かな非人格的な信仰が一つになっていたが、このような信仰は現代の世界に独自な意味を提示しているのではないか、という点である。

もちろんこのような信仰の二面性は、最初から彼のなかにあったわけではない。彼の生涯において、まずは仏に近づくべく必死に修行するが、これに挫折した結果、挫折を通して本来非人格的な真如（真理）そのものであった仏が、その非人格性を捨て方便の身となって人々に信仰すらも与えようとした姿に気づいて得た熱い信仰から、やがてその方便の姿の本源たる真如そのものへの非人格的信仰、すなわち信じようとする意識すら消え去る自然法爾の信仰に至ったのである。しかしこの、人格的な熱い信仰を内包しつつもそれを超えた独自で静寂な信仰は、宗教紛争などによって混迷を深める現代世界に本来の宗教のあり方を提示し示唆しているのではないか、と気づかされるようになったのである。

このような信仰の形態は、一神教の要素をもつと同時に、信じようとする意識すら消えていくから一神教の信仰とはやはり相違する。かといって人格的な信仰を内包するため、仏や神の強力な働きかけを必ずしも前提とはしない多神教の信仰とも違う。このような一神教ともいえず、さりとて多神教ともいい切れないところが、じつは現代の世界に新鮮で価値のある見方を提示しているのではないか。一神教同士の対立、一神教と多神教との対立によっておこっている宗教紛争にも、解決への新たな見方を示しているのではないかと思えるのである。もちろん紛争は宗教的な問題だけに起因しているわけではないが、その根底に存在する問題に重要な示唆を与え得るのではないか。

以前クリスチャンの方たちの集まりで親鸞の自然法爾についてお話させていただいた折、ある神学者が、そのような境地はキリスト教の熱い信仰の奥にもあります、とおっしゃったことを思い出す。今になってその言葉の意味が分かりかけてきた気がする。

徹底した人格的な信仰の奥には、徹底して仏や神の意志を信じるがゆえに、もはや仏や神の前には信仰しなければならないという人間の意識すら消えていく境地があるのではないだろうか。逆に非人格的な多神教のなかにも信仰を深めていく過程で、その信仰は熱いものにもなり、そして再び清明で静かな信仰に戻っていく境地がある。本書は宗教学的な場に立って書き進めてきたため、一神教・多神教、人格性・非人格性、連続性・非連続性などの枠に当てはめて考えてきたが、今後はこのような枠を取り外し、新しい方法でこの信じなければならないという意識が消え去って、さらに静寂な信仰に深められていく信仰の境地を解明していかねばならないと感じるようになったのである。

この問題を究明する過程において、宗教間の対立、さらには宗教紛争を解決していく方向性が見出されていくのではないかと思えるし、このような境地にこそ人類が営々として求めてきた真の宗教性があるのではないか、この境地を知ったとき、宗教間の真の相互理解が可能になるのではないかと考えられる。困難な道ではあるが、これを探し求めることが必要である、と私は思う。

ドイツ人カール・エルドマン・ハリー・ピーパー（一九〇七～一九七八）は、一九五四年浄土真宗に帰依し、以後ベルリンで地道な伝道を行なった。彼はイルマ・ビスクプスキーという女性と結婚したが、彼女はカトリック教徒であった。そこで彼らは互いに心の絆を深めるため、ハリーはイルマの聖母マリアの祭壇を、イルマはハリーの仏壇をそれぞれ大切にしたという。彼らは親鸞の信仰を通してキリスト教の信仰を、キリスト教を通して親鸞の信仰を深め、信じる対象の違いを超えた宗教の最深部に存在する信仰を体験していたのではないだろうか。自己の信仰に忠実なことは、自己の信仰対象だけを認め他を排除することではない。他者の信じる宗教の最深部に存在する真の宗教性にも気づくということである、と思うようになった。

本書を書き終えるに当たって、また新たな課題を与えられることとなった。老骨にむち打って歩みはじめねば、と思う。

なお本書では世界の諸宗教を取り上げるといいながら、紙数の関係上、また私の能力の無さなどの理由で、かなり限定された数の宗教しか取りあげることができなかったし、掘り下げ方もまだまだ浅いと認めざるを得ないものとなった。この点、慚愧に堪えないのであるが、いずれ機会を得て、さらに詳細な検討を加えたいと思う。

また本書では、私なりに内容を逐次図式化しようと試み、悪銭苦闘しながら何度も描き直したのであるが、その内容を十分に図に描き込めたとは思えない。ひとえに私の構想力の貧困、作図技術の無さによるが、読者諸賢のご指導を仰げればと思う。

最後になったが、本書出版のためにご配慮くださった法藏館社長の西村明高氏と編集長の戸城三千代氏、そして貴重なアドバイスをいただき、校正等でもご苦労をおかけした編集部の秋月俊也氏には、心から感謝申し上げたい。

平成二十七年春

加藤智見

加藤　智見（かとう　ちけん）

1943年、愛知県に生まれる。

1966年、早稲田大学第一文学部卒業。

1973年、早稲田大学大学院文学研究科博士課程修了。

早稲田大学、東京大学、同朋大学講師を経て東京工芸大学教授。現在同大学名誉教授、真宗大谷派光専寺住職、学道塾主宰。

著書　『親鸞とルター』（1987、早稲田大学出版部）、『いかにして〈信〉を得るか――内村鑑三と清沢満之』（1990、法藏館）、『ココロの旅からタマシイの旅へ――宗教の理解』（1993、大法輪閣）、『蓮如とルター』（1993、法藏館）、『宗教のススメ――やさしい宗教学入門』（1995）、『蓮如入門』（1996、以上大法輪閣）、『他力信仰の本質』（1997、国書刊行会）、『誰でもわかる浄土三部経』（1999、大法輪閣）、『仏像の美と聖なるもの』（2000）、『浄土三部経のこころ』（2000、以上法藏館）、『図解 宗教のことが面白いほどわかる本』（2001、中経出版）、『世界の宗教と信仰』（2005、大法輪閣）、『見つめ直す日本人の宗教心』（2006、原書房）、『親鸞の浄土を生きる――死を恐れないために』（2010、大法輪閣）、『図説 あらすじでわかる！ 親鸞の教え』（2010）、『図説 あらすじでわかる！ 歎異抄』（2011）、『図説 浄土真宗の教えがわかる！ 親鸞と教行信証』（2012、以上青春出版社）、『本当の宗教とは何か――宗教を正しく信じる方法』（2013、大法輪閣）など。
訳書　G・ランツコフスキー著『宗教学入門』（1983、共訳、東海大学出版会）、アンゲルス・シレジウス著『シレジウス瞑想詩集（上）（下）』（1992、共訳、岩波文庫）など。

世界の宗教から見た親鸞の信仰
――親鸞の独自性とは何か――

二〇一五年九月二〇日　初版第一刷発行

著　者　加藤智見
発行者　西村明高
発行所　株式会社 法藏館
京都市下京区正面通烏丸東入
郵便番号　六〇〇-八一五三
電話　〇七五-三四三-〇〇三〇（編集）
〇七五-三四三-五六五六（営業）

装幀　山崎　登
印刷・製本　亜細亜印刷株式会社

ISBN 978-4-8318-8733-7 C0015